인터넷 엽기, 유행중국어

인터넷 엽기 유행중국어

개정 1판 인쇄 2013년 3월 11일
개정 1판 발행 2013년 3월 15일

지은이 | 김현태·陳雲輝
펴낸이 | 박재규
펴낸곳 | 경남대학교 출판부

주소 | 경남 창원시 마산합포구 월영북16길 11(월영동)
전화 | 055-249-2074
팩스 | 0505-999-2115
전자우편 | ko10@kyungnam.ac.kr
홈페이지 | www.kyungnam.ac.rk/press

ISBN 978-89-8421-282-4 93720
값 17,000원

인터넷 엽기 유행중국어

김현태 · 陳雲輝 지음

경남대학교 출판부

| 머리말 |

이제는 중국 신세대의 엽기 발랄한 중국어를 공부해야 한다.

인터넷Internet의 등장은 전 세계를 울타리 없는 하나의 지구촌으로 만들었다. 이제는 굳이 외국에 나가지 않더라도 컴퓨터에서 클릭 몇 번으로 상호 지식과 정보의 수평적 교류가 가능한 '인터넷시대'가 된 것이다.

지난 7월 중국 정부 산하 연구기관인 인터넷정보센터CINIC: China Internet Network Information Center의 '인터넷 발전통계보고'에 의하면, 중국의 인터넷 사용자는 이미 2억 5,300만 명을 넘어섰고, 2000년 이후 매년 증가율이 19.4%였다고 한다. 인터넷 사용인구 수만으로 보아 2억 1,800만 명의 미국(2007년 말 기준)을 앞질러 세계 1위의 인터넷 대국이 된 것이다. 이러다보니 인터넷상의 사용언어 면에서도 중국어가 영어와 함께 이제 국제어가 되었다.

여기서 우리는 중국어 공부 방식에 대한 폭 넓은 이해가 있어야겠다. 이제부터 중국어를 익힐 때 반드시 교과서에만 매달리는 것만으로는 부족하다는 게 저자의 생각이다. 교과서란 중국어의 기본적이고 전형적인 표현 방식 등을 알려주는 기초가 됨은 사실이지만, 정작 살아 숨 쉬는 생생하고 실용적인 중국어는 인터넷에 있기 때문이다.

신세대 중국의 젊은이들은 우리처럼 실시간 메신저로 대화하고 채팅방에서 온갖 신조어와 유행어, 눈살을 찌푸리게 할 만한 각종 엽기적인 비속어 등을 사용하면서 대화를 나눈다. 여기 인터넷 공간에 사용되는 언어는 거의가 정제되지 않은 것들이다. 어떻게 보면 어떤 외부의 정치적 억압에도 구속받지 않은 순수한 감정 그대로의 표현들이다. 그러기에 우리는 인터넷상의 댓글과 각종 블로그에 회자되는 유행중국어를 통해 중국의 신세대 생각을 짐작할 수 있고 이 시대를 살아가는 중국인들의 사상과 가치관·시대관에 대한 이해는 물론 중국어의 조어 방법에 있어서의 언어심미관까지도 들여다 볼 수 있다.

저자는 이 책에 총 170개의 유행중국어와 활용대화문을 인터넷을 통해 중국인 천윈후이陈雲輝교수와 함께 선별 수록하였다. 구체적으로 Ⅰ장 〈요지경 인터넷 세상〉에서 33개, Ⅱ장 〈달콤·위험한 유혹〉에 50개, Ⅲ장 〈엽기발랄 일상생활〉에 55개, Ⅳ장 〈은밀한 연예계 세상〉에 32개 등이다. 모두가 중국 유명 사이트의 기사와 채팅방, 댓글에서 하나하나 간추린 것이고, 독자들의 이해를 돕기 위해 자세한 설명을 첨가했다. 또 실제로 중국인과의 대화에서 자유자재로 구사할 수 있도록 활용 대화문을 만들어 담은 것이 이 책의 특징이다.

전반적으로 이 책의 내용은 좀 엽기적이고 야한 것들이다. 혹자는 책을 읽고서 점잖지 못한 저작물이라고 빈정거릴 수도 있을 것이다. 하지만 저자는 그렇게 생각하지 않는다. 대학교수라고 해서 무거운 주제의 딱딱한 내용

만을 주제로 저술해야한다는 고정관념은 이제 털어버려야 한다. 오히려 신세대들을 가르치는 교육자로서 엽기 발랄한 중국의 최신 유행어와 그들의 유행 트렌드를 누구보다 빨리 이해하고 그것을 실제로 활용할 수 있도록 소개해 주는 것이 바람직한 일이다. 분명히 단언하건데 IT 세대인 요즘 우리 젊은이들의 지적 욕구와 호기심은 전혀 교과서적이지 않다. 오히려 교과서 밖의 일탈된 중국어 표현을 더 많이 알고 싶어 한다. 바로 그러한 학문적 욕구를 충족시켜 주는데 이 책은 큰 몫을 할 것으로 감히 자부한다.

이 책에 소개된 170개 유행어를 활용한 회화문은 김현태, 천원후이 교수가 같이 집필했고, 그 밖의 유행어 설명과 번역, 관련어휘 학습과 각종 사진자료 및 설명은 전부 본인 김현태 교수가 책임 집필한 것이다. 그러나 여기에 실린 언어들이 최근 유행하기 시작한 것들이기에 간혹 설명과 활용에 오류가 있을 수 있다. 앞으로 판을 거듭하면서 수정 보완할 것을 약속드린다.

그리고 이 책은 '2007년 경남대학교 출판부 간행지원도서'로 선정되어 집필된 것이고, 출판부 김미숙 선생님이 심혈을 기울여 편집해 주셨기에 이렇게 소담스럽게 햇빛을 보게 되었다. 관계인사 여러분께 진심으로 사의를 표한다.

또한 평소 깊은 애정으로 우리를 이끌어 주시는 박재규 총장님 내외분과 중국학부 교수님 여러분의 격려에 깊은 감사의 말씀을 드리면서 앞으로도 변함없는 성원 있으시길 기대하는 바이다.

끝으로 존경하는 부모님의 건강을 기원하고, 사랑하는 딸 지혜와 새로 태어난 아들 지웅이가 건강하고 발랄하게 성장하기를 바란다. 두 아이 양육과 저자의 내조에 힘쓰는 아내 김현정에게도 고맙다는 말을 해야겠다.

2008년 8월 15일 건국 60주년 기념일에 즈음하여

효암曉岩 김현태 씀

| 개정판 머리말 |

독특한 내용의 책이었다.
하지만 기대 이상의 과분한 사랑을 받았다.

기성세대라면 눈살을 찌푸릴만한 엽기적인 내용의 신조어, 유행어, 비속어 등이 실려 있음에도 불구하고 여러 대학에서 인터넷 및 IT 관련 수업 교재로 선정되기도 하였다. 스마트한 세상에 중국어 교수자와 학습자의 마인드도 개방적이고 다양해지고 있다는 것을 방증함이 아닐까 생각한다. 많은 분들이 필자의 집필 의도를 왜곡하지 않고 공감해 주신 점 큰 보람으로 느끼지만 한편으론 무거운 책임감도 느낀다.

개정판을 발행하며 이 책을 훨씬 생동감 있게 활용할 방법 한 가지를 제시하고자 한다. 우선 중국의 대표적인 검색사이트 百度[www.baidu.com], 新浪[www.sina.com.cn], 搜狐[www.sohu.com], 搜狗[www.sogou.com] 등을 잘 활용하기 바란다. 170개의 제목 중 관심 있거나 궁금한 것, 혹은 이해가 잘 안 되는 것들을 '图片사진', '新闻뉴스', '知道지식검색' 등에 입력하여 관련 자료를 찾아보라.

'图片사진'에 들어가면 관련 사진, 만화, 만평 등등 별의별 재미난 자료들이 넘쳐나 관련 이슈를 뉴스 보듯 생생하게 접할 수가 있다. '新闻뉴스'에 들어가면 입력한 검색어 관련 유사어와 파생어 등 새로운 신조어와 유행어들도 새롭게 접할 수 있고 '知道지식검색'에서는 단어의 구조나 왜 이러한 표현이 생겼는지 등에 대해 더욱 심도있게 알 수 있을 것이다. 특히나 이 책을 교재로 사용하는 교수자들은 위의 과정을 십분 활용하면 재미난 IT 관련 중국어 수업을 진행할 수 있을 것이다.

『인터넷엽기유행중국어』 개정판이 나오는 지금도 하루가 다르게 새로운 신조어와 유행어들이 나오고 있다. 향후 보다 생동감 있고 재미있는 내용으로 새로운 저서를 선보일 것을 약속한다.

2013년 1월 31일

효암曉岩 김현태 씀

| 차례 |

제3부 엽기 발랄 일상생활

엽기 발랄한 중국의 최신 유행어와 동향을 누구보다 빨리 이해할 수 있다.

제4부 은밀한 연예계 세상

요지경 연예계 세상을 통해 최신 유행중국어를 알아보자.

일러두기

하나. 편의를 위해 다양한 중국어 표기법을 사용

이 책에서 사용한 인명, 지명 등은 세 가지 방식으로 표기하였다.

첫째, 교육부가 제정한 외래어 표기법의 원음 표기 방식을 따랐다.

예_ '천바오롄(陈宝莲)', '야오밍(姚明)', '칭다오(青岛)' 등

둘째, 일부 홍콩 유명연예인들의 이름은 알기 쉽게 우리 한자음 그대로 사용하였고 한자도 정자를 사용하였다. 예_ '성룡(成龍)', '이연걸(李連傑)', '유덕화(劉德華)', '주윤발(周潤發)' 등. 이는 외래어표기법에 따라 원음 표기를 하기 전부터 한국에서 인기가 있었던 연예인들이라 이미 한국식 한자음에 익숙해져 실생활에서 그대로 쓰이고 있기 때문이다.

셋째, 중국어 학습에 도움이 되도록 유명연예인들의 이름은 '周润发(Zhōu Rùnfā)', '刘德华(Liú Déhuá)', '张国荣(Zhāng Guóróng)', '成龍(Chéng Lóng)', '舒淇(Shū Qí)' 등으로 중국어와 한어병음, 성조를 일일이 표기하였다. 이는 최근 교육부의 외래어 표기법에 대한 전면 재검토와 수정을 요하는 학계의 요구가 있고 원음 표기를 버리고 우리식 한자음으로 표기하자는 주장도 있기 때문이다. 중국의 인명과 지명 등 고유명사를 독자 스스로 한어병음과 성조를 보고 읽게 하기 위함이다.

둘. 모든 회화문과 어휘 학습부분을 한어병음과 성조로 표기

이 책을 보다 쉽게 읽을 수 있게 하기 위해 회화문과 관련 어휘 학습 부분 전부를 한어병음과 성조로 표기하였다. 일부 매우 용이하거나 불필요한 경우에는 생략하였다.

셋. 재미있는 사진과 자료가 듬뿍 + '중국문화의 이해'란 첨가

이 책은 시중에 출판된 중국어 학습서에서는 배울 수 없는 엽기적이고 야한 내용들이 많다. 이에 독자들의 이해와 흥미를 증폭시키기 위해 재미있는 사진과 다양한 자료를 듬뿍 실었다. 또한, '중국문화의 이해'란을 따로 두어 중국의 다양한 문화와 사회 현상에 대한 분석을 시도하였다. 사진 등 자료의 출처는 저자 개인이 직접 찍은 것 외에는 일부 자료 공유가 가능한 인터넷에서 가져왔으며 책의 구성상 인용문헌은 각주를 생략하고 인용·참고문헌 부분에서 그 출처를 밝혀두었다. 피인용자와 출판사에 지면을 통해 감사의 뜻을 전한다.

넷. 욕설은 있는 그대로 생생하게 표현

중국어 욕설 부분의 번역은 정제하지 않고 젊은이들이 실제생활에서 쓰는 그대로 표현하였다. 또한 같은 중국어 욕설 표현이라도 대화 상황에 맞게 다양한 표현으로 번역하였다. 번역이란 원어의 의미를 그대로 살리는 것이 가장 잘 된 번역이다. 이에 욕설은 욕설답게 그대로 표현하였다.

제1부

요지경 인터넷 세상

살아 숨 쉬는
생생하고 실용적인 중국어는
인터넷에 있다.

*01 网友 인터넷 채팅 친구

A 老王，你有网友吗？
Lǎo Wáng, Nǐ yǒu wǎngyóu ma?

B 开玩笑。我这么大岁数了，找什么网友！
Kāi wánxiào, Wǒ zhème dà suìshu le, zhǎo shénme wǎngyóu!

A 那有什么？网友不一定就要上床啊。
Nà yǒu shénme? Wǎngyóu bù yídìng jiù yào shàngchuáng a。

A 라오왕, 너 채팅 친구 있니?
B 농담하니? 내가 나이가 몇인데 무슨 채팅친구를 구해!
A 그게 뭐 어때서? 채팅친구랑 꼭 자야하는 것도 아닌데.

관련 어휘 학습

开玩笑	kāiwánxiào	동 농담하다, 우스갯소리하다
岁数	suìshu	명 나이, 연령, 연세
上床	shàngchuáng	동 ①침대에 오르다 ②성관계를 갖다

• 가판대의 인터넷 관련 잡지

• 삽입동사를 활용한 중국이동통신 광고 카피

开什么国际玩笑! - 무슨 국제적인(엄청난) 농담이니!
Kāi shénme guójì wánxiào

台港澳及国际漫游满100送20
Tái Găng ào jí guójì mànyóu măn 100 sòng 20

台港澳: 타이완·홍콩·마카오,

漫游: 휴대폰 로밍

타이완, 홍콩, 마카오 및 국제 로밍 100위안(元)을 쓰시면 20위안을 서비스해 드립니다.

광고 카피 해설

많은 사람들이 '开玩笑'는 '농담하다'란 뜻의 동사로만 알고 있다. 하지만 그렇지 않다. '开玩笑'는 '동사+목적어' 구조로 이루어진 합성어이다. 즉, '玩笑'가 '농담, 우스갯소리'이고 '开'는 '하다'이다. 이와 같은 합성어를 '이합사(離合詞)', '삽입동사'라고 한다. 그래서 '玩笑'에는 '什么', '国际' 같은 다양한 관형어가 올 수 있다. 위 광고의 '国际玩笑'는 '국제적인 농담'이란 뜻으로 '대단한 농담'이란 뜻이다.

● '开玩笑'의 올바른 활용 예를 보자.

你刚才什么开玩笑, 可不能这么大开玩笑呀! (×)
Nǐ gāngcái shénme kāi wánxiào, kě bù néng zhème dà kāi wánxiào ya

你刚才开什么玩笑, 玩笑可不能开这么大呀!
Nǐ gāngcái kāi shénme wánxiào, wánxiào kě bù néng kāi zhème dà ya

당신 방금 무슨 농담이요? 농담도 이렇게 심하게 하는 건 아니요!

*02 网恋 Cyber Love

A 小李最近怎么总泡在网上？神秘兮兮的。
Xiǎo Lǐ zuìjìn zěnme zǒng pào zài wǎngshàng? Shénmìxīxīde。

B 这家伙该不是网恋了吧？
Zhè jiāhuo gāi bú shì wǎngliàn le ba?

A 我想不会吧！不是刚失恋吗？这么快就又开始恋爱了？
Wǒ xiǎng bú huì ba! Bú shì gāng shīliàn ma? Zhème kuài jiù yòu kāishǐ liàn'ài le?

A 샤오리가 요즘 인터넷 채팅에 푹 빠져있더라. 뭔가 수상해.
B 그 자식 설마 채팅친구랑 연애하는 건 아니겠지
A 아닐 거야. 막 실연당했는데 벌써 또 연애를 하겠냐?

관련 어휘 학습

泡	pào	동 ①오랫동안 머물다, 죽치다 ②시간을 낭비하다
神秘兮兮	shénmìxīxī	成 종잡을 수 없다, 수상하기 짝이 없다
家伙	jiāhuo	명 녀석, 자식, 놈
失恋	shīliàn	명·동 실연(하다)
恋爱	liàn'ài	명·동 연애(하다)

| 용어해설 |

Cyber Love

인터넷에서 채팅을 통해 알게 되어 연인관계로까지 발전하는 것. 지금 중국에서도 이런 연애방식이 대유행인데 끝까지 가는 경우는 드물다.

*03 网婚 인터넷 가상 결혼

A 听说现在很多中学生都在玩网婚。
Tīngshuō xiànzài hěn duō zhōngxuéshēng dōu zài wán wǎnghūn。

B 这种风气对学生的成长没一点儿好处，你可得管好你家孩子。
Zhè zhǒng fēngqì duì xuéshēng de chéngzhǎng méi yìdiǎnr hǎochù, nǐ kě děi guǎnhǎo nǐ jiā háizi。

A 他敢这样玩我就打断他的腿。
Tā gǎn zhèyàng wán wǒ jiù dǎduàn tā de tuǐ。

A 요즘 중·고등학생들이 인터넷 결혼 놀이를 많이 한다면서?
B 이런 풍조는 학생들 성장에 조금도 도움이 안 돼.
너 네 집 애들 간수 잘해라.
A 우리 집 애가 그랬다간 다리몽둥이를 부러뜨려버리지.

관련 어휘 학습

风气	fēngqì	명 ①풍조, 기풍 ②공기, 바람
成长	chéngzhǎng	동 ①성장하다, 자라다 ②발전하다, 증가하다
好处	hǎochu	명 ①장점, 좋은 점 ②이익, 득 ③도움, 호의, 은혜 형 ①함께 잘 지내다, 교제하기 쉽다 ②처리하기 쉽다
管好	guǎnhǎo	동 단속하다, 통제하다, 지도하다
打断	dǎduàn	동 끊다, 자르다, 잘라버리다, 부러뜨리다

| 용어해설 |

인터넷 가상 결혼

인터넷이라는 가상의 공간에서 하는 결혼. 실제 결혼과 똑 같이 인터넷에서 청첩장도 보내고 결혼식도 올리고 연회도 하고 첫날밤도 치른다. 그리곤 가사분담, 자녀양육, 생계를 위해 직업도 가지는 등 실제 결혼과 똑 같이 인터넷에서 결혼생활을 한다. 물론 서로 갈등이 생겨 이혼도 한다.

● www.sohu.com에서의
인터넷 가상 결혼 가정 메인 화면

● 인터넷 가상 결혼식 청첩장

● 독특한 아이디어의 결혼식 청첩장

광고 카피 해설

走在一起是缘分, (喜喜) 一起在走, 是幸福
Zǒu zài yìqǐ shì yuánfèn, yìqǐ zài zǒu shì xìngfú
같이 걸어왔던 것은 인연이었습니다,
(喜喜) 같이 걸어가는 것은 행복입니다.

: 중국인들은 결혼식 날 신랑, 신부를 기쁠 '희(喜)' 두 글자로 표현한다. 이를 '双喜'라고 읽는다. 위의 청첩장은 신랑, 신부의 신발 끈을 '喜喜'로 맨 형상으로 '끈을 맺다'인 '결(結)'로 결혼을 상징한다. 또한 신발과 어우러진 초대 문구, '같이 올수 있었던 것은 인연이고 앞으로 걸어갈 길은 행복'이라는 메시지를 전한다. 아이디어가 대단히 기발하며 중국의 언어와 문화를 독특하게 잘 표현한 청첩장이다.

*04 QQ 쫀득쫀득한 사이트

Ⓐ 这儿人太多，我们上QQ聊吧。
Zhèr rén tài duō, wǒmen shàng QQ liáo ba。

Ⓑ 好啊，你的QQ号码是多少？
Hǎo a, nǐ de QQ hàomǎ shì duōshǎo?

A　여기 사람이 너무 많다. 우리 QQ 가서 채팅하자.
B　좋지, 너 QQ 아이디가 뭐니?

● QQ 聊天室 - 채팅 사이트 화면

GUI for QQ ChatRoom

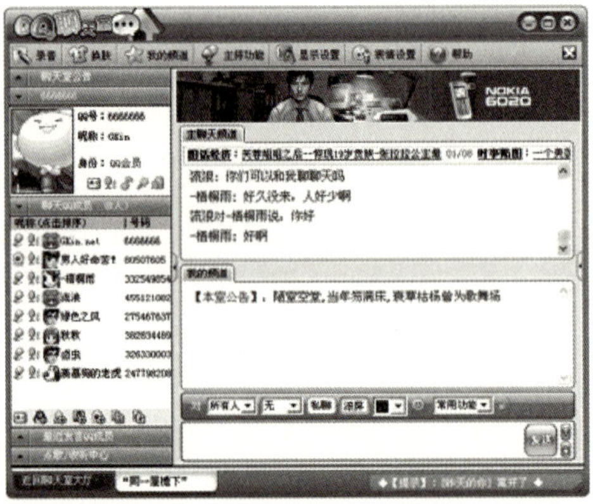

게시판 대화 내용

流浪：你们可以和我聊天吗？
Nǐmen kěyǐ hé wǒ liáotiān ma?
나하고 같이 대화하실래요?

一梧桐雨：好久没来，人好少啊
오랜만에 왔더니 사람이 너무 적다.
Hǎojiǔméilái, rén hǎoshǎo a

| 용어해설 |

쫀득쫀득한 사이트

QQ는 중국네티즌들이 제일 많이 사용하는 소프트웨어이고 채팅 사이트다. 기능이 아주 많은데 가장 중요한 기능이 바로 인터넷 채팅 기능이고 문서나 사진 등 자료도 보낼 수 있다.

*05 聊天室 대화방, 채팅방

A 你经常去聊天室找陌生人聊天吗?
Nǐ jīngcháng qù liáotiānshì zhǎo mòshēngrén liáotiān ma?

B 我都快当奶奶了, 去那种乱七八糟的地方干什么?
Wǒ dōu kuài dāng nǎinai le, qù nàzhǒng luànqībāzāo de dìfang gàn shénme?

A 就聊聊天啊, 怎么就成了乱七八糟的地方了呢。
Jiù liáoliao tiān a, zěnme jiù chéngle luànqībāzāo de dìfang le ne。

A 댁도 맨 날 채팅방에 들어가 모르는 사람들이랑 채팅하슈?
B 좀 있으면 할머니 되는데 엉망진창 그런 곳에 가서 뭘 해요?
A 대화 좀 하는 건데 뭐가 엉망진창이란 거예요?

관련 어휘 학습

陌生人	mòshēngrén	명 낯선 사람
乱七八糟	luànqībāzāo	成 엉망진창이다, 아수라장이다, 혼잡하다

| 용어해설 |

대화방, 채팅방

www.sina.com(新浪网站)의 '寂寞女人心(jìmò nǚrén xīn: 고독한 여인의 마음)', '女人三十(여자 나이 30)', '成熟男女(chéngshú nánnǚ: 성숙한 남녀)', '午夜悄悄话(wǔyè qiǎoqiǎohuà: 한밤의 속삭임)' 등 성별과 연령에 따라 회원 가입하여 은밀한 대화가 이루어지는 채팅방 사이트가 중국에는 넘쳐 난다. 중국어 실력 향상을 위해 채팅방에 들어가 중국어로 채팅을 해 보는 것도 좋은 방법 중 하나일 것이다. 하지만 중국어 타자 속도가 느리면 대화 상대가 그냥 나가 버리니 미리미리 중국어 공부, 중국어 워드 입력법도 연습해 놓아야 한다.

*06 视频聊天 화상채팅

A 小姐，你有摄像头吗？我们视频聊天吧？
Xiǎojie, nǐ yǒu shèxiàngtóu ma? Wǒmen shìpín liáotiān ba?

B 抱歉，我不是你想象的那种人。滚。
Bàoqiàn, Wǒ bú shì nǐ xiǎngxiàng de nà zhǒng rén。Gǔn!

A 아가씨, 캠 있습니까? 우리 화상채팅이나 합시다.
B 미안해요. 나 그런 사람 아니에요. 꺼지세용!

관련 어휘 학습

摄像头	shèxiàngtóu	명 픽업 카메라, 캠
抱歉	bàoqiàn	동 미안하게 생각하다, 미안해하다
想象	xiǎngxiàng	명·동 상상(하다)
滚	gǔn	동 구르다, 뒹굴다, 나가다, 떠나다
小姐	xiǎojie	명 젊은 여성을 부르는 존칭, 아가씨
视频	shìpín	명 영상 신호 주파수, 비디오 주파수
聊天	liáotiān	동 한담하다, 잡담을 하다

| 용어해설 |

화상채팅

둘 혹은 여럿이서 카메라를 통해 상대방을 보며 화상채팅을 하는 것.

*07 激情视频 홀딱 벗고 화상채팅, 음란채팅

A 有愿意激情视频的漂亮妹妹吗？我不错，等你一起来。
Yǒu yuànyì jīqíng shìpín de piàoliang mèimei ma? Wǒ búcùo, děng nǐ yìqǐ lái。

B 神经病，回家找你妈激情去。
Shénjīngbìng, huíjiā zhǎo nǐ mā jīqíng qù。

A 누드 채팅방에서 예쁜 동생이랑 놀래요?
나 예뻐요. 기다릴게요.

B 미쳤냐? 집에 가서 너 네 엄마랑 벗고 놀아라.

관련 어휘 학습

神经病	shénjīngbìng	명 정신병, 미치다
不错	búcuò	형 알맞다, 괜찮다, 좋다
激情	jīqíng	명 격정, 열정, 정열
漂亮	piàoliang	형 ①(용모·의상·색채 등이) 아름답다, 예쁘다, 보기 좋다 ②(일처리·행동·말 등이) 뛰어나다, 훌륭하다, 멋지다

| 용어해설 |

홀딱 벗고 화상채팅, 음란채팅

'激情视频(jīqíngshìpín)'은 일명 '裸聊(luǒliáo)'라고도 한다. 화상채팅을 통해 서로 벗은 몸을 보여주는 것으로 주로 얼굴은 공개하지 않고 가슴 부분과 음부를 보여준다. 간혹 간덩이가 부은 애들은 얼굴도 공개한다.

*08 语音做 폰섹스, 인터넷 섹스

A 你那边现在方便吗? 我们一起语音做吧。
Nǐ nàbian xiànzài fāngbiàn ma? Wǒmen yìqǐ yǔyīn zuò ba。

B 抱歉, 我现在不方便。
Bàoqiàn, wǒ xiànzài bù fāngbiàn。

A 那什么时候方便啊?
Nà shénmeshíhòu fāngbiàn a?

B 什么时候都不方便。一边去。
Shénmeshíhòu dōu bù fāngbiàn。Yìbiān qù。

A 지금 시간 괜찮으세요? 우리 같이 폰섹스나 합시다.
B 미안합니다. 나 지금 시간 없어요.
A 그럼 언제 괜찮으세요?
B 괜찮은 시간 없어요. 저리가요.

관련 어휘 학습

方便	fāngbiàn	형 ①편리하다 ②알맞다, 적당하다, 적합하다
		동 ①편의를 꾀하다. ②화장실 가다, 볼일보다
		명 ①편의, 수단, 방편, 방법

| 용어해설 |

폰섹스, 인터넷 섹스

전화나 채팅 중 마이크를 통하여 음란하고 자극적인 대화를 나누는 것. '电话做(diànhuàzuò)'라고 도 한다.

*09 见光死 폭탄이야

A 小张, 最近还经常和网友约会吗?
Xiǎozhāng, zuìjìn hái jīngcháng hé wǎngyóu yuēhuì ma?

B 不了, 没意思, 几乎每次都是见光死。
Bù le, Méiyìsi, jīhū měi cì dōu shì jiànguāngsǐ。

A 샤오장, 요즘도 채팅친구랑 데이트 자주 하냐?
B 아니, 재미없어, 거의 대부분이 폭탄이거든.

관련 어휘 학습

约会	yuēhuì	명·동 약속(하다)
几乎	jīhū	부 ①거의 ②하마터면

Tip

小张(Xiǎozhāng): 샤오장

'샤오장'은 이름이 아니고 성이 '장(張)'씨인 사람이다. 중국의 독특한 호칭 습관인데 일반적으로 나이가 같거나 많은 친근한 사람에겐 '老+성(姓)', 적은 사람에게는 '小+성(姓)'을 쓴다. 이 외에도 '阿+이름 중 일부'를 써서 매우 친근함을 표시한다. 이는 한국어에는 없는 독특한 호칭법으로 중국인이 당신에게 이런 호칭을 쓴다면 대단히 친하다는 것을 의미하니 이상하게 생각하지 말고 기뻐하기 바란다.

| 용어해설 |

폭탄이야

채팅을 통해 아주 친해져 오프라인에서 만나면 대부분 상대방의 외모에 엄청 실망하기 마련이다. 그래서 만나고 난 다음엔 서로 일절 연락을 끊는 것을 말한다.

*10 419 원 나잇 스탠드, 하룻밤 정사

Ⓐ 小金，你有过419的经历吗？
Xiǎo Jīn, nǐ yǒu guò sìyāojiǔ de jīnglì ma?

Ⓑ 哈哈，怎么突然问这么奇怪的一个问题啊？有过又怎么样？
Haha, zěnme tūrán wèn zhème qíguài de yí ge wèntí a? yǒuguo yòu zěnmeyàng?

Ⓐ 哼，我警告你，那样很危险。
Hēng, wǒ jǐnggào nǐ, nàyang hěn wēixiǎn。

A 샤오진, 너 원 나잇 스탠드 경험 있니?
B 하하, 웬 갑자기 이상한 질문을 하고 그래? 있으면 어쩔 건데?
A 흥, 충고하는 데 그거 정말 위험한 짓이야.

관련 어휘 학습

经历	jīnglì	동 ①겪다, 경험하다, 체험하다 ②경과하다, 거치다, 지나다 명 경력, 경험, 내력, 경위
突然	tūrán	형 갑작스럽다, 돌연하다, 의외이다 부 갑자기, 별안간, 돌연히
奇怪	qíguài	형 ①괴상하다, 괴이하다, 기괴하다 ②의아하다, 이상하다, 뜻밖이다 동 의아해 하다, 이상히 여기다
警告	jǐnggào	명·동 경고(하다)
危险	wēixiǎn	명·형 위험(하다)

| 용어해설 |

원 나잇 스탠드, 하룻밤 정사

하룻밤의 사랑이란 의미로 '一夜情(yíyèqíng)'이라고도 한다. 영어 for(four: 4) one(1) night (nine: 9)에서 유래가 된 말이다. 한국에서는 일명 '원 나잇 스탠드'로 처음 만나자 마자 하룻밤 섹스를 하곤 언제 알았냐는 듯이 헤어지고 다시는 연락하지 않는 것을 말한다.

광고 카피 해설

● 중국적십자사의 에이즈 예방 공익광고

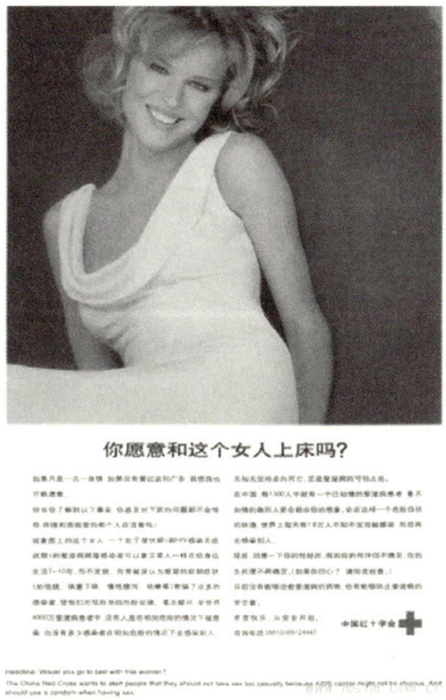

你愿意和这个女人上床吗?
Nǐ yuànyi hé zhège nǚrén shàngchuáng ma?
이 여자와 같이 자고 싶으세요?

上床: '성관계를 갖다'의 완곡한 표현

如果只是一次<u>一夜情</u>, 如果没有看过这期广告, 我想我也可能愿意。
Rúguǒ zhǐshì yí cì yíyèqíng, rúguǒ méiyǒu kànguo zhè qī guǎnggào, wǒ xiǎng wǒ yě kěnéng yuànyì

一夜情: 원 나잇 스탠드
오직 하룻밤 풋사랑! 만약 이 광고를 안 봤더라면, 나도 원했을 겁니다.

11 加我 일촌 등록시켜줘 !

A 怎么了? 你加我了吗?
Zěnme le? Nǐ jiā wǒ le ma?

B 怎么加你? 我不会啊。
Zěnme jiā nǐ? Wǒ bú huì a。

A 笨蛋, 告诉我你的QQ号码, 我加你吧。
Bèndàn, gàosù wǒ nǐ de QQ hàomǎ, wǒ jiā nǐ ba。

A 왜 그래? 나 등록시켰니?
B 널 등록시켜? 난 싫은데.
A 바보, 그럼 네 QQ 아이디 알려줘, 내가 너 등록시킬게.

관련 어휘 학습

笨蛋	bèndàn	명 바보, 멍청이, 얼간이

怎么의 용법

① 왜, 어떻게, 어째서: 天安门怎么走? (천안문은 어떻게 가지요?)
你怎么了? (너 왜 그래?)

② 어떻게(아무리)…해도: 我怎么劝他, 他也不听 (내가 아무리 충고해도 그는 듣지 않아요)

③ 어떤, 무슨: 怎么回事? (무슨 일이야?)

④ 뭐라고? 어쨌다고? (문장 앞에 쓰여 놀람을 나타 냄): 怎么了? (뭐라고?)

⑤ 그다지, 별로('不', '沒' 뒤에 쓰여 일정한 정도를 표시): 不怎么样 (별로야)

| 용어해설 |

일촌 등록시켜줘!

QQ방에서 채팅을 하려면 우선 상대방 고유아이디를 알아 자기 QQ 채팅 목록에 등록해 놓아야만 채팅이 가능하다. 이런 과정을 '加我'라고 하는데 우리의 '일촌등록, 친구추가'와 비슷하다.

*12 我晕 헐! 돌아버리겠네 !

A 你得庆幸自己今天捡了个宝贝?
Nǐ děi qìngxìng zìjǐ jīntiān jiǎn le ge bǎobèi?

B 什么宝贝?
Shénme bǎobèi?

A 告诉你吧, 我还是个处男呢。
Gàosù nǐ ba, wǒ hái shì ge chùnán ne。

B 我晕。
Wǒ yūn。

A 너 오늘 킹카 하나 건진 거 자축해라.
B 무슨 킹카?
A 있잖아요. 내가 아직 숫총각이거든요.
B 헐! 돌아버리겠네!

관련 어휘 학습

庆幸	qìngxìng	형 ①축하할 만하다, 경사스럽다 ②다행이다, 기쁘다
捡	jiǎn	동 ①줍다 ②거두다, 치우다 ③고르다
宝贝	bǎobèi	명 ①보배, 보물 ②귀여운 아이, 귀염둥이
处男	chùnán	명 총각

| 용어해설 |

돌아버리겠네 !

생각지도 못한 황당한 일을 당했을 경우 탄식하는 말

Tip

- '庆幸'을 활용한 중국 교육관련 공익광고

자녀가 좋아하고 소질이 있는 것을 가르치도록 하자는 내용

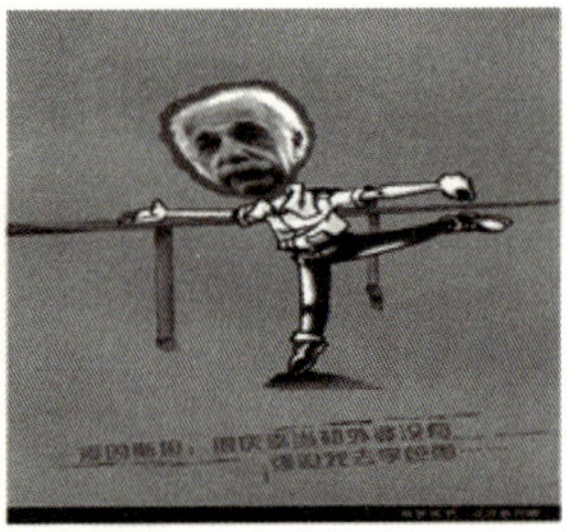

광고 카피 해설

毕加索: 很庆幸当初妈妈没有强迫我去学奥数
Bǐjiāsuǒ: hěn qìngxìng dāngchū māma méiyǒu qiǎngpò wǒ qù xué àoshù
피카소: 엄마가 억지로 산수 공부 시키지 않은 게 다행입니다.

爱因斯坦: 很庆幸当初外婆没有强迫我去学芭蕾
àiyīnsītǎn: hěn qìngxìng dāngchū wàipó méiyǒu qiǎngpò wǒ qù xué bālěi
아인슈타인: 외할머니가 억지로 발레 공부 시키지 않은 게 다행입니다.

贝多芬: 很庆幸当初爸爸没有强迫我去学象棋
Bèiduōfēn: hěn qìngxìng dāngchū bàba méiyǒu qiǎngpò wǒ qù xué xiàngqí
베토벤: 아빠가 억지로 장기(체스) 공부 시키지 않은 게 다행입니다.

*13 菜鸟 컴퓨터 초짜

A 你打字怎么这么慢啊？急死我了。
Nǐ dǎzì zěnme zhème màn a? Jísǐ wǒ le。

B 对不起，我刚学会上网。
Duìbuqǐ, wǒ gāng xuéhuì shàngwǎng。

A 我晕。真是个菜鸟。
Wǒ yūn。Zhēn shì ge càiniǎo。

A　넌 뭔 타자치는 속도가 그리 느리냐. 답답해 죽겠네.
B　미안해. 인터넷 배운지 얼마 안 됐거든.
A　미치겠네. 이거 정말 초짜 아냐!

관련 어휘 학습

打字	dǎzì	동 타자를 치다
急死	jísǐ	동 ①안타까워 죽을 지경이다, 몹시 초조하게 하다
		②화가 치밀어 오르다, 애타 죽다
		명 급사
晕	yūn	형 어지럽다, (눈이) 아찔하다
		동 기절하다, 까무러치다

| 용어해설 |

컴퓨터 초짜

컴퓨터나 인터넷 등을 배운지 얼마 되지 않아 타자 속도도 느리고 활용을 잘 못하는 사람.

*14 MB 남자 접대부, 호스트, 남창

A 今天跟你聊得很开心。我们约个地方见面吧。
Jīntiān gēn nǐ liáode hěn kāixīn。Wǒmen yuē ge dìfang jiànmiàn ba。

B 你不会是MB吧？我可没什么钱啊。
Nǐ búhuì shì MB ba? Wǒ kě méi shénme qián a。

A 你才是MB呢。不想见就拉倒，神经病。
Nǐ cái shì MB ne。Bù xiǎng jiàn jiù lādǎo, shénjīngbìng。

A　오늘 채팅 즐거웠어요. 우리 어디서 만날까?
B　너 혹시 MB아니야? 나 돈 없어.
A　네가 MB다. 만나기 싫음 관둬. 미친놈.

관련 어휘 학습

开心	kāixīn	동 기분을 상쾌하게 하다, 기분 전환하다
		형 유쾌하다, 즐겁다
拉倒	lādǎo	동 ①중지하다, 그만두다　②넘어뜨리다

| 용어해설 |

남자 접대부, 호스트, 남창

영어 단어 Money와 Boy의 앞 글자를 딴 중국식 표현이다. 주로 게이바에서 남자 동성애자에게 성매매를 하는 남자를 가리키는 말로 호스트바에서 여자에게도 성적 서비스를 제공하기도 한다. 한국 신문에 대통령 이명박을 지칭할 때 이니셜을 따 'MB'라고 표현하곤 하는데 그걸 볼 때마다 중국인들은 웃음이 나온다고 한다.

'开心'과 관련된 중국어 유머

儿子: "爸爸, '开心'是什么意思?"
Bàba, kāixīn shì shénme yìsi
아들: 아버지, '开心'이 무슨 뜻이에요?

父亲: "'开心' 就是很高兴的意思"
Kāixīn jiù shì hěn gāoxìng de yìsi
아버지: '开心'은 아주 기분이 좋다는 뜻이야.

儿子: "那么 '关心' 一定是不高兴的意思了?"
Nàme guānxīn yídìng shì bù gāoxìng de yìsi le
아들: 그럼 '关心'은 분명히 기분 나쁘다는 뜻이겠네요.

父亲: "?"
아버지: "?"

한국어나 중국어나 '关心'은 '어떤 것에 끌리는 마음'이라는 뜻이다. 여기서 '关'의 반대말은 '开'자인데 중국어에서는 '开门(문을 열다)', '开车(차를 운전하다)', '开水(끓인 물)' 등으로 다양하게 쓰인다. 하지만 뒤에 마음(心)이 붙으면 "마음을 연다." 즉, "기분이 좋다, 기쁘다"라는 뜻이 된다. 이처럼 동사 '开' 하나도 다양한 뜻이 있으니 사전을 찾을 때 찾고자 했던 단어의 의미만 보고 넘어갈 것이 아니라 밑에 쭉 열거되어 있는 여러 뜻 갈래들도 보고 단어장을 만드는 습관을 들어야 한다.

Tip

- 중국에서 인기 있는 간식거리 '开心果'

견과류의 한 종류(피스타치오)로 딱딱한 껍질이 벌어져 '마음을 열었다(开心)'고 해서 '开心果'라고 한다. 또한 이 걸 먹으면 '기분이 좋아진다(开心)'는 의미도 있다.

15 下线 퇴장

A 昨天我上网怎么没看到你?
Zuótiān wǒ shàngwǎng zěnme méi kàndào nǐ?

B 昨天我没情绪, 所以上去看了一下就下线了。
Zuótiān wǒ méi qíngxù, suǒyǐ shàng qù kàn le yíxià jiù xiàxiàn le。

A 어제 채팅방에 너 안 보이더라.
B 어제 기분이 꿀꿀해서 들어갔다가 그냥 퇴장 했다.

관련 어휘 학습

情绪	qíngxù	명 ①정서, 기분, 마음가짐, 패기, 사기, 의욕
		②불쾌한 감정, 우울, 의기소침

Tip

• 下线의 원래 의미

'下线'은 어떤 제품이 생산라인(流水线)에서 조립이 다 끝나고 완성품이 되어 나오는 것을 말한다. 즉, '새로운 제품을 출시, 발표' 한다는 의미이다. 옆의 사진은 하얼빈 스포츠카 '哈飞赛豹'의 신차 출시 기념행사이다.

| 용어해설 |

퇴장
채팅방에서 나오는 것을 '下线'이라 하고 입장하는 것을 '上线'이라 한다.

16 88 빠이 빠이

A 今天太晚了, 我要下线了。88。
Jīntiān tài wǎn le, wǒ yào xiàxiàn le。baibai。

B 好, 88。
Hǎo, baibai。

A 오늘 너무 늦었다. 나 퇴장할래. 빠이빠이.
B 좋아, 빠이빠이.

Tip

• 중국인이 가장 좋아하는 숫자 '8'

중국인들은 숫자 '8(bā)'이 '发财(재물을 모으다)', '发展(발전하다)'의 의미인 '发(fā)'와 발음이 비슷하다고 해서 대단히 좋아한다. 그래서 베이징올림픽도 2008년 8월 8일 8시 8분에 개최되었다. 또한 알파치노 주연의 '88분'이라는 영화도 내용과 상관없이 보면 '재물운'이 생길 것이라는 미신에 큰 인기를 끌었다.

| 용어해설 |

빠이 빠이

영어 bye-bye에서 온 말로 원래는 '拜拜'였다. 귀차니즘이 판치는 지금 '拜拜'를 쳐 넣기 귀찮아 88로 대체하였다.

*17 BBS 인터넷 게시판

A 现在网站的BBS真有意思。
Xiànzài wǎngzhàn de BBS zhēn yǒuyìsi。

B 有什么意思?
Yǒu shénmeyìsi?

A 可以看到很多官方媒体上不发表的黑幕。
Kěyǐ kàndào hěn duō guānfāng méitǐ shàng bù fābiǎo de hēimù。

B 知道了又能怎样?
Zhīdào le yòu néng zěnyàng?

A 总比活得不明不白好啊。
Zǒng bǐ huó de bùmíngbùbái hǎo a。

A 요즘 인터넷 BBS 진짜 재미있어.
B 뭐가 재미있는데?
A 공영 언론매체에서 보도 안하는 여러 가지 내막들을 볼 수 있거든.
B 그건 알아서 뭐 할 건데?
A 어쨌거나 아무것도 모르고 사는 것 보단 낳잖아.

관련 어휘 학습

官方	guānfāng	명 ①정부 당국, 정부측 ②관리가 지켜야 할 예법
媒体	méitǐ	명 ①매개물, 매개체 ②매체
黑幕	hēimù	명 흑막, 어두운 내막
不明不白	bùmíngbùbái	成 불분명하다, 애매(모호)하다

| 용어해설 |

인터넷 게시판

인터넷 사이트의 게시판을 'BBS'라고 한다. 영어의 'Bulletin Board System'을 줄여서 한 말로 현재 중국에서 비교적 수준이 높고 인기가 좋은 BBS는 명문 칭화대학(清华大学)의 'BBS水木清华'이다.

*18 芙蓉姐姐 중국의 엽기녀 – 푸롱 누나

A 昨天网上又发了芙蓉姐姐的新照片。
Zuótiān wǎngshàng yòu fā le Fúróngjiějie de xīn zhàopiàn。

B 还是大S型啊?
Hái shì dà S xíng a?

A 这次更猛，露点的。
Zhècì gèng měng, lùdiǎn de。

B 这个女人真不简单啊。
Zhège nǚrén zhēn bù jiǎndān a。

A 어제 인터넷에서 푸롱 누나가 새 사진을 또 올렸어
B 또 과감한 S라인 사진이야?
A 이번엔 더 심해. 노출까지 시도 했어.
B 하, 그 여자 진짜 보통 아닌데.

관련 어휘 학습

芙蓉	fúróng	①연꽃
		②出水芙蓉: 成 연못에 활짝 핀 연꽃, 미인의 아름다운 자태, 아름다운 문장(文章)
猛	měng	형 ①맹렬하다, 사납다 ②용감(용맹)하다
露点	lùdiǎn	신체의 일부를 노출하다

| 용어해설 |

중국의 엽기녀 – 푸롱 누나

칭화대(清華大) 등 중국최고의 명문대학 BBS게시판을 주요활동 무대로 삼아 자신의 은밀한 일상생활을 낱낱이 고백하는 일기를 써 올리거나, 대담하지만 아주 어색한 S라인을 선보이고 온갖 기이한 자태의 사진들을 올려 중국내에서 화제가 되고 있는 인물. 그녀의 용감성과 엽기적인 행동에 열광하는 사람들도 많지만 많은 이들이 미친 여자 아니냐고 생각한다.

Tip

- 芙蓉姐姐의 대표적인 포즈들

자신이 대단히 아름답다고 생각하는 이 여자는 스스로 자신의 이름을 '芙蓉姐姐(연꽃누나)'라고 부른다. '芙蓉姐姐'는 각종 이벤트 행사에도 단골로 초청되는 유명인이 되었다. 아래 사진은 헬스클럽 오픈 기념행사와 한국 쌍용자동차 이벤트 행사에서 특유의 포즈를 취하고 있는 모습이다.

*19 恶搞 악성 합성, 뽀샵질

A 过来，给你看张照片。
Guòlai, gěi nǐ kàn zhāng zhàopiàn。

B 你的照片？
Nǐ de zhàopiàn?

A 不是，网上的。
Búshì, wǎngshàng de。

B 真逗，谁这么能恶搞！
Zhēn dòu, shéi zhème néng ègǎo!

A 이리 와 봐. 사진하나 보여줄게.
B 네 사진이냐?
A 아니, 인터넷에 있는 거.
B 진짜 웃긴다. 뭔 합성을 이리 잘하냐!

관련 어휘 학습

逗	dòu	동 ①희롱하다, 집적거리다, 놀리다 ②자아내다, 끌다 ③웃기다
		형 우습다, 재미있다

| 용어해설 |

악성 합성

현대 컴퓨터 합성 기술을 이용하여 남의 사진이나 영화 포스터 등에 다른 사람의 얼굴을 합성시키거나 나쁘게 수정을 가하는 하는 행위. 주로 음란 누드 사진에 남의 얼굴을 합성하거나 있지도 않은 일에 다른 사람을 끼워 넣어 유포시킨다. 주로 여자 연예인이나 유명인들의 사진을 가지고 합성하는게 대부분인데 중국에서도 여자연예인들이 찍지도 않은 온갖 자신의 누드 및 섹스 사진이 실려 곤혹을 치르고 있다.

광고 카피 해설

• 중국 사이트의 재미있는 악성 합성

매년 신사참배를 강행했던 전 일본총리 '고이즈미'를 악성 합성한 것으로 매번 신사참배 때 네티즌들이 이 사진을 올려 대단한 인기를 끌었다.

热烈庆祝小泉隔世长眠: 고이즈미의 죽음을 열렬히 축하합니다.
Rèliè qìngzhù Xiǎoquán géshì chángmián

• 한류 스타 전지현의 코카콜라 광고 악성 합성

전지현: 真正爽快, 只有可口可乐
Zhēnzhèng shuǎngkuài, zhǐyǒu Kékǒukělè
진정한 상쾌함, 오직 코카콜라

악성 합성: 喝了壮阳药, 我才能秀出我自己
Hē le zhuànyáng yào, wǒ cǎi néng xiù chū wǒ zìjǐ
정력제를 먹어야만 내 능력을 발휘할 수 있습니다.

*20 博客 블로그

A 你有自己的博客吗?
Nǐ yǒu zìjǐ de bókè ma?

B 我也想玩玩, 但哪有时间啊!
Wǒ yě xiǎng wánwan, dàn nǎ yǒu shíjiān a!

A 那你的时间都玩什么了? 玩小姐?
Nà nǐ de shíjiān dōu wán shénme le? Wán xiǎojiě?

B 去你的。
Qù nǐ de。

A 너 블로그 있니?
B 나도 만들고 싶은데 시간이 있어야 말이지!
A 그럼 넌 주로 뭐 하고 노냐? 여자 꼬시냐?
B 지랄하네.

Tip

- '去你的'와 '忙你的'의 차이점

'去你的'와 '忙你的'는 모두 'X+你的'의 구조를 가지고 있다. '忙你的'는 각자 일을 하다 서로 간에 하는 말로 '(그럼) 당신 (바쁜)일 보세요.', '(그럼) 볼 일 보세요.'란 의미다. 그래서 한국인들이 서로 헤어질 때 이 말을 응용해 '그럼 가세요.'라는 의미로 '去你的吧'라고 종종 실수를 한다. '去(가다)'와 '你的(너의 것)'는 원래 욕이 아니다. 하지만 둘이 합쳐지면 '꺼져 버려', '지랄하네.'라는 의미를 가진 욕이 되어버린다. 문법적으로 설명하기 힘든 이런 관용어구의 활용을 잘 알아야 실수를 하지 않는다.

| 용어해설 |

블로그
원래 영어 blog에서 온 말로 지금 중국에서도 많은 사람들이 개인 블로그를 많이 개설한다. 일기나 수필 등 자기 주변 신변잡기들을 올려놓고 있다.

*21 下载 다운로드

A 给你看个东西。
Gěi nǐ kàn ge dōngxi。

B 什么啊? 鬼鬼祟祟的。
Shénme a? Guǐguǐsuìsuì de。

A 昨天从网上下载的一个A片, 特刺激。
Zuótiān cóng wǎngshàng xiàzǎi de yí ge Apiàn, tè cìjī。

B 无聊。这么大岁数了, 还喜欢这个。
Wúliáo, Zhème dà suìshu le, hái xǐhuān zhège

A 내가 좋은 거 하나 보여줄게.
B 뭔데? 음침하게스리?
A 어제 인터넷에서 야동하나를 다운 받았는데 진짜 끝내준다.
B 참 할 일도 없다, 나이가 몇인데 아직도 야동을 좋아하냐.

관련 어휘 학습

鬼鬼祟祟	guǐguǐsuìsuì	成 남 몰래 숨어서 못된 짓을 꾸미다
刺激	cìjī	명·동 자극(하다)
无聊	wúliáo	형 ①무료하다, 지루하다, 심심하다, 따분하다
		②무의미하다, 시시하다, 너절하다

*22 斑竹 인터넷 사이트 운영자

A 请问斑竹，为什么总阻止我发言？
Qǐngwèn bānzhú, wèishénme zǒng zǔzhǐ wǒ fāyán?

B 因为你的发言过于色情。
Yīnwèi nǐ de fāyán guòyú sèqíng。

A 这个聊天室不就是让人放松的吗？
Zhège liáotiānshì bú jiù shì ràng rén fàngsōng de ma?

B 那也不能做性交易。
Nà yě bù néng zuò xìngjiāoyì。

A 운영자님 드릴 말씀이 있는데요.
왜 항상 나는 발언을 못 하게 하는 거죠?

B 왜냐면 당신은 너무 야한 발언을 많이 해요.

A 이 채팅방이 원래 맘대로 하는데 아닌가요?

B 그래도 성매매는 할 수 없어요.

관련 어휘 학습

阻止	zǔzhǐ	동 저지하다, 가로막다
过于	guòyú	부 지나치게, 너무
色情	sèqíng	명 색정
放松	fàngsōng	동 ①늦추다, 느슨하게 하다, 이완시키다 ②관대하게 하다 ③풀어주다, 방면하다
性交易	xìngjiāoyì	명·동 성매매(하다)

| 용어해설 |

인터넷 사이트 운영자

원래는 '版主(bǎnzhǔ)'라고 하는데 워드로 'banzhu'를 치면 '斑竹(bānzhú)'가 제일 먼저 뜬다. 그래서 시간 절약상 이걸 쓰다 보니 정형화 되어 버렸다. '斑竹'는 원래 중국 湖南省(Húnán-shěng) 湘江(Xiāngjiāng)지역에서 생산되는 대나무의 일종으로 대나무 잎에 붉은 얼룩이 있어 '斑竹'라고 한다. 중국 고대 신화에 보면 요 임금이 남방을 순회하다 苍梧(Cāngwǔ)에서 죽었다. 이에 그의 아내인 娥皇(éhuáng)과 女英(Nǚyīng)은 요 임금을 찾아 샹장(湘江)에 도착하여 너무나 상심한 나머지 눈물이 마를 줄 몰랐다. 그 눈물이 대나무 잎에 떨어져 잎을 붉게 물들여 '斑竹'라고 부르게 되었다.

*23 发帖子 자기 자료 유포

A 我也想在网上发个帖子，后面加上我的照片。
Wǒ yě xiǎng zài wǎngshàng fā ge tiězi, hòumian jiāshàng wǒ de zhàopiàn。

B 干什么？
Gàn shénme?

A 像芙蓉姐姐那样，也做一个网络名人。
Xiàng Fúróngjiějie nàyang, yě zuò yí ge wǎngluò míngrén。

B 你饶了我吧，阿姨。
Nǐ ráole wǒ ba, āyí。

A 나도 인터넷에서 내 자료 좀 뿌리고 싶어.
뒤에다가 내 사진도 붙여서 말이야.

B 뭐 하려고?

A 푸롱 누나처럼 나도 인터넷에서 유명인사가 되고 싶거든.

B 아줌마 제발 나 좀 살려주셔.

관련 어휘 학습

请帖	qǐngtiě	명 초대장, 초청장
喜帖	xǐtiě	명 청첩장
丧帖	sāngtiě	명 부고
饶	ráo	형 풍부하다, 많다
		동 ①더하다, 보태다, 덤을 주다 ②끌어들이다, 말려들게 하다 ③용서하다, 관용하다, 양보하다
阿姨	āyí	명 ①이모 ②아주머니

| 용어해설 |

자기 자료 유포

'帖子'는 본래 '초대장, 청첩장'을 말한다. '请帖(청첩장)', '喜帖(결혼 청첩장)', '丧帖(부고)' 등으로 쓰이는데 요즘 인터넷에서는 자신이 쓴 글이나 사진, 그림 등의 자료를 여러 사이트에 공개, 유포하는 것을 말한다.

*24 回帖子 댓글, 리플

A 我比较喜欢看网络论坛里的帖子。
Wǒ bǐjiào xǐhuān kàn wǎngluò lùntán lǐ de tiězi。

B 有什么好看的?
Yǒu shénme hǎokàn de?

A 那些跟帖都很有意思。我觉得网上真的是一个卧虎藏龙之地。
Nà xiē gēntiě hěn yǒu yìsi。Wǒ juéde wǎngshang zhēnde shì yí ge wòhǔcánglóng zhīdì。

B 没觉得。我倒觉得鱼龙混杂。
Méi juéde。Wǒ dào juéde yúlónghùnzá。

A 나는 인터넷 토론방에서 댓글 보는 게 좋아.
B 뭐가 그리 재미있는데?
A 댓글들이 정말 재미있어. 인터넷 공간에서 댓글 다는 사람들 다 대단한 인재들 같아.
B 나는 그렇게 생각 안 해. 오히려 별별 잡동사니의 난장판 같아.

관련 어휘 학습

论坛	lùntán	명 의견을 논술하는 장소, 논단
倒	dào	부 ①오히려, 도리어 ②역으로, 거꾸로
卧虎藏龙	wòhǔcánglóng	누워있는 호랑이와 숨어있는 용
		즉, 대단한 인재들을 말한다
鱼龙混杂	yúlónghùnzá	물고기와 용이 막 섞여있다
		즉, 별의별 잡다한 것들이 막 섞여있다는 뜻이다

| 용어해설 |

댓글, 리플
인터넷 댓글, 리플. '跟帖(gēntiě)'라고도 한다. 댓글을 다는 행위는 '回应(huíyìng)'이라고 하는데 중국에서도 댓글에는 지지와 칭찬의 글도 있지만 인신공격적인 욕설과 유언비어 등이 난무한다. 한국인이나 중국인이나 익명의 공간에서는 다 똑 같이 악마 근성이 나오나 보다.

Tip

• 영화 卧虎藏龙 포스터

'와호장룡'은 대만 출신 '리안(李安)' 감독의 할리우드 최고 히트작이다. 미국 박스 오피스 1위까지 오르며 주윤발, 장쯔이 등을 슈퍼스타로 만든 영화이다. '리안' 감독은 2007년 영화 '색·계'로 다시 한 번 세계적인 주목을 받았고 적나라한 정사장면이 담긴 무삭제판을 보기 위해 중국인들이 홍콩 방문까지 하는 기이한 현상을 일으키기도 했다.

Tip

• 毛泽东을 활용한 댓글을 꼭 달라는 합성

중국 인터넷에서 네티즌들이 마오쩌둥의 어록(語錄)인 것처럼 합성한 것

同志们应该回帖!
Tóngzhìmen yīnggāi huítiě
동지들 댓글 꼭 다시오!

回帖才是好同志!
Huítiě cái shì hǎo tóngzhì
댓글을 달아야만 좋은 동지들이오!

25 '朱令'案 '주링' 사건

A 朱令案让我对大学的集体宿舍感到恐惧。
Zhū Lìng àn ràng wǒ duì dàxué de jítǐ sùshè gǎndào kǒngjù。

B 是啊。都是同学，怎么就能嫉妒到这个程度呢？
Shì a。Dōu shì tóngxué, zěnme jiù néng jìdù dào zhège chéngdù ne?

A 看来，人真的不能太出色啊。
Kànlái, rén zhēnde bù néng tài chūsè a。

B 恭喜你，你既不美丽，也没有什么才艺，可以高枕无忧了。
Gōngxǐ nǐ, nǐ jì bù měilì, yě méiyǒu shénme cáiyì, kěyǐ gāozhěnwúyōu le。

A 주링 사건 때문에 대학 기숙사에서 단체 생활하는 게 겁이나.
B 그래. 다들 친구인데 어떻게 질투를 해도 그렇게 심하게 할 수가 있니?
A 내 생각에 사람은 너무 뛰어나도 안 되는 것 같아.
B 축하한다. 넌 예쁘지도 않고 뭐 별다른 능력도 없으니 아무 걱정 없이 편안하게 잠 잘 수 있잖아.

관련 어휘 학습

集体宿舍	jítǐsùshè	명 단체 기숙사
恐惧	kǒngjù	동 겁먹다, 두려워하다
		명 공포
嫉妒	jídù	동 질투하다
程度	chéngdù	명 정도, 수준
出色	chūsè	형 특별히 훌륭하다, 보통을 뛰어넘다
		동 힘을 내서 능력을 과시하다
恭喜	gōngxǐ	동 축하하다
才艺	cáiyì	명 재능과 기예
高枕无忧	gāozhěnwúyōu	成 ①베개를 높이 하고 걱정 없이 잘 자다
		②마음이 편안하고 근심 걱정이 없다

瘫痪	tānhuàn	韓 醫 반신불수가 되다. 중풍(들다)
		ex) 处于瘫痪状态: 반신불수 상태가 되다
		瘫痪在床: 중풍이 들어 누워 있다

Tip

• 사고 전 주링의 모습

• 사고 후 주링의 모습

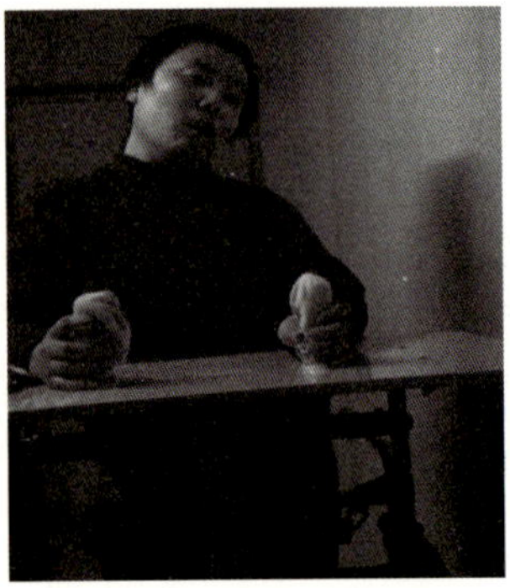

| 용어해설 |

'주링' 사건

朱令(Zhū Lìng)은 중국 명문 칭화대학(清华大学) 화학과에 다니는 여학생이었다. 똑똑하고 예쁘고 다재다능하였는데 1995년 탈륨(铊: Thallium)에 중독되어 장애인이 되었다. 장애의 정도는 몸은 반신불수가 되고 두 눈이 거의 실명 상태에 이르렀으며 심지어는 지적 능력이 4세의 어린아이 수준으로 떨어졌다. 인터넷에서 도는 소식에 의하면 탈륨을 넣은 범인은 같은 대학 룸메이트인 孙维(Sūn Wéi)로 평소 朱令을 심하게 질투하여 탈륨으로 살해할 목적이었다는 것이다. 하지만 중국 공안에서는 조사가 끝난 후 증거가 없다는 이유로 孙维의 무죄를 공식 발표하였다. 이에 대해 중국 네티즌들은 孙维의 부모가 중국 공산당 고위 간부이기 때문에 부모들이 공안에 압력을 넣어 무죄로 만들었다고 생각한다. 이 사건은 이미 10년이 훨씬 넘었지만 여전히 중국 언론과 네티즌들이 관심을 가지고 있는 이슈이다.

26 '马六女'事件 '마즈다 Six녀' 사건

A '马六女' 事件有结果了吗?
Mǎliùnǚ shìjiàn yǒu jiéguǒ le ma?

B 法院还没有公开审理呢。
Fǎyuàn hái méiyóu gōngkāi shěnlǐ ne。

A 你们青岛这一下更有名了啊。
Nǐmen Qīngdǎo zhè yíxià gèng yǒumíng le a。

B 是啊。去青岛, 可以看大海, 还可以看 '马六女'。
Shì a。Qù Qīngdǎo, kěyǐ kàn dàhǎi, hái kěyǐ kàn mǎliùnǚ。

A '马六女' 사건 결과가 나왔니?
B 법원에서 아직 공개 심의 중이래.
A 너 네 칭다오 이 사건으로 더 유명해졌겠다.
B 그래. 칭다오에 오면 바다도 볼 수 있지, 또 '마즈다 Six' 모는 여자들도 볼 수 있잖아.

관련 어휘 학습

法院	fǎyuàn	명 법원
审理	shěnlǐ	명·동 심리(하다), 심사 처리(하다)

| 용어해설 |

'마즈다 Six녀' 사건

2006년 11월 17일 중국 青岛(Qīngdǎo)에서 피의자 자오(赵) 모 여성이 고급 일본차 '마즈다 6'를 몰고 교통사고를 일으켰다. 그래서 '마즈다 6(马自达六)을 몰은 여성(女)'이라고 해서 '马六女' 사건이라고 부른다 . 41세의 이 여성은 호텔 고급 식당에서 저녁을 먹은 후 호텔 경비원과 심한 몸싸움을 벌이다 자기 차로 경비원을 치은 후 황급히 도망가다 길을 건너던 젊은 부부 한 쌍도 치었다. 현재 중국은 빈부격차가 지나칠 정도로 심한데 이 사건의 피의자가 무역회사의 사장이며 대단한 부자라는 사실이 알려지자 네티즌들은 더욱 분노하였다. 네티즌들은 인터넷에서 이번 사건을 일반 교통사고로 처리할 것이 아니라 '고의 살인죄'를 적용하여 최고의 형을 선고하여야 한다고 주장하고 나섰다. 이 사건을 계기로 중국의 빈부격차에 대한 불만이 봇물처럼 터져 나왔고 가진 자에 대한 분노의 목소리도 점차 높아지고 있다. 빈부격차 해소는 현대 중국이 가지고 있는 가장 큰 문제점으로서 짧은 시기에 해소될 가능성은 없어 보인다. 언젠가는 이로 인해 큰 문제점이 발생할 것으로 중국 전문가들은 내다보고 있다.

Tip

• 일본 'MAZDA' 자동차를 타면 죽는다? 'MAZDA' 자동차의 중국어 브랜드네임이 '马自达'인 이유

일본 주요 자동차 회사의 중국어 브랜드네임은 창업주의 이름을 따 일본에서와 마찬가지로 '丰田(TOYOTA)', '本田(HONDA)', '铃木(SUZUKI)' 등으로 불린다. 원래 이 기업들이 중국에 진출할 때 중국인의 반일감정 때문에 일본 냄새가 물씬 풍기는 이름을 바꾸려고 하였다. 하지만 조사 결과 반일감정과는 달리 중국인이 일본 제품에 대해서만은 '고급제품'이라는 이미지를 가지고 있었다. 실속을 중요시하는 중국 소비자들에게 그대로 일본 이름을 가지고 가는 것이 아무런 문제가 되지 않는다는 결론을 내렸고 대단한 성공을 이루고 있다. 그래서 'NISSAN(日産)'도 '日本産(일본생산)'이라는 의미를 그대로 가지고 갔다.

그런데 왜 'MAZDA(松田)'는 일본식 이름 '松田'을 쓰지 않고 '马自达'로 쓸까? 'MAZDA'가 처음 중국에 진출하였을 때는 그대로 '松田'을 사용하였다. 그러자 도대체 판매가 안 되는 것이었다. 뒤 늦게 그 이유를 알아보니 중국어 '松田(Sōngtián)'의 발음이 '送天(Sòngtiān)'과 같았기 때문이다. '送天'은 '하늘로 가다', 즉, '죽는다, 골로 가다'는 뜻이기 때문이다. 즉, 'MAZDA' 자동차를 타면 '골로 간다, 죽는다.'는 의미가 되어버리니 언어 미신 심리가 강한 중국인들이 타려고 하지 않는 것이다. 그래서 만든 브랜드네임이 바로 '马自达(Mǎzìdá)'이다. 발음도 똑 같고 의미도 '말(馬: 차)이 혼자 알아서 척척(自) 목적지에 도착한다(達)'가 되었으니 훌륭한 브랜드네임이 탄생한 것이다. 그 이후 'MAZDA' 자동차는 고급차 시장에서 큰 인기를 끌고 있다. 이처럼 중국에 진출하려는 기업들은 기업과 상품의 브랜드네임을 중국인의 습관에 맞게 잘 지어야 할 필요가 있다. 브랜드네임은 상품에 화려한 옷을 입히는, 즉 자신의 기업과 제품에 빛을 더하는 중요한 작업이기 때문이다. 한국도 한자를 쓰지만 우리식 한자가 반드시 중국 한자와 뜻이 같다는 생각을 버리고 중국진출 이전에 꼼꼼히 분석해 볼 필요가 있음을 명심해야 한다.

*27 电脑病毒 컴퓨터 바이러스

A 我怀疑我的电脑是不是感染病毒了？
Wǒ huáiyí wǒ de diànnǎo shì búshi gǎnrǎn bìngdú le?

B 怎么了？
Zěnme le?

A 每次开机首先打开的都是一个色情画面。
Měi cì kāijī shǒuxiān dǎkāi de dōu shì yí ge sèqíng huàmiàn。

B 哈哈。活该。肯定是你偷看色情网站了吧。
Hāha。Huógāi。Kěndìng shì nǐ tōu kàn sèqíng wǎngzhàn le ba。

A 내 컴퓨터 바이러스 감염된 거 아닌지 몰라.

B 왜 그래?

A 컴퓨터 켤 때마다 음란사이트 화면이 뜨거든.

B 하하하, 쌤통이다. 너 분명 몰래 음란 사이트에 접속했지!

관련 어휘 학습

怀疑	huáiyí	동 ①회의하다, 의심을 품다, 의심하다
		②추측하다, 예측하다
		명 회의
感染	gǎnrǎn	동 ①전염되다, 감염하다
		②감동시키다, 감화하다, 영향을 주다
		명 감동, 감화, 영향
活该	huógāi	형 당연하다, 그래 싸다, 마땅하다, 통쾌하다, 고소하다
偷看	tōukàn	동 훔쳐보다
网站	wǎngzhàn	명 웹 사이트

*28 电脑黑客 해커(hacker)

A 现在用电脑感觉越来越不安全。
Xiànzài yòng diànnǎo gǎnjué yuèláiyuè bù ānquán。

B 为什么?
Wèishénme?

A 总觉得电脑后面有一个黑客在盯着我看。
Zǒng juéde diànnǎo hòumian yǒu yí ge hēikè zài dīngzhe wǒ kàn。

B 神经过敏! 你有什么秘密值得人家盯着你看。
Shénjīng guòmǐn! Nǐ yǒu shénme mìmì zhíde rénjiā dīngzhe nǐ kàn。

A 요즘 컴퓨터 쓸 때마다 점점 더 불안전한 느낌이야.
B 왜?
A 항상 컴퓨터 뒤에서 해커가 나를 노려보고 있는 느낌이야.
B 신경이 너무 과민한 거 아냐?
네가 뭔 중요한 비밀이 있다고 누가 널 주시하고 있다는 거니?

관련 어휘 학습

盯着	dīngzhe	동 ①주시하고 있다, 눈여겨보고 있다, 응시하고 있다 ②감시하고 있다
神经过敏	shénjīngguòmǐn	명 신경과민 형 신경과민이다, 의심이 많다
秘密	mìmì	형 비밀이다 명 비밀, 비밀스러운 일
值得	zhíde	동 값에 상응하다 ②~할 만한 가치가 있다

29 电子邮件 전자우편, 이메일

A 小姐，留个电子邮件，以后有机会再聊吧。
Xiǎojie, liú gè diànzǐyóujiàn, yǐhòu yǒu jīhuì zài liáo ba。

B 抱歉。我没有。
Bàoqiàn。Wǒ méiyǒu。

A 别逗了。是信不过我吧？
Bié dòu le。Shì xìn bú guò wǒ ba?

B 随你怎么想。88。
Suí nǐ zěnme xiǎng。Baibai。

A 아가씨, 이메일 좀 남겨줘요, 다음에 채팅하게.
B 미안해요. 저 이메일 없어요.
A 장난치지 말아요. 날 못 믿는 겁니까?
B 맘대로 생각해요. 빠이빠이.

随(suí)의 용법

随便	suí/biàn	동 마음대로(좋을 대로) 하다 부 마음대로, 자유로이, 함부로, 제멋대로
随意	suí/yì	동 뜻대로(편한 대로) 하다, (술 마실 때) 원하는 만큼 마시다('干杯'의 반대)
随时	suíshí	부 언제든지 随时随地: 언제 어디서나, 언제든지
随手	suíshǒu	동 …하는 김에 …하다 随手关门: 드나들 때 문을 꼭 닫아주세요
随身	suíshēn	동 몸에 지니다, 휴대하다 随身听: 워크맨 随身用品: 휴대품, 소지품

| 용어해설 |

전자우편, 이메일

전자우편의 중국어 정식용어는 '电子邮件(diànziyóujiàn)'이고 영어 'E- mail'에 해당하는 중국어는 '伊妹儿(yīmèier)'이다. 중국에서도 컴퓨터 보급률이 점점 높아져 이제는 손으로 쓰는 편지 대신 현대 중국인의 서신 교환의 중심 역할을 하고 있다. 하지만 아직 8억 농민들이 사는 낙후 지역엔 인터넷 전용선조차 들어가지 못하고 있는 실정이다.

*30 网吧 인터넷 카페, PC방

A 脸色怎么这么难看啊? 是不是又去泡网吧了?
Liǎnsè zěnme zhème nánkàn a? Shì bu shì yòu qù pào wǎngbā le?

B 昨天找到一个特刺激的网站。
Zuótiān zhǎodào yí ge tè cìjī de wǎngzhàn。

A 老不正经。
Lǎo bú zhèngjing。

B 我看你是假正经。
Wǒ kàn nǐ shì jiǎ zhèngjing。

A 얼굴색이 왜 그리 안 좋아? 또 PC방 가서 하루 종일 죽치고 있었니?
B 어제 진짜 죽여주는 사이트를 하나 발견했거든.
A 항상 이상한 짓만 하고 있어.
B 내가 보기엔 넌 고상한 척 하는 거야.

관련 어휘 학습

脸色	liǎnsè	명 ①안색, 혈색 ②표정
正经	zhèngjīng	형 ①올바르다, 단정하다, 성실하다, 착실하다
		②정당한, 진지한, 바른
		③정식의, 일정한 규격이나 표준에 맞는

| 용어해설 |

인터넷 카페, PC방

중국 PC방의 손님은 청소년들이 대부분인데 한국과 마찬가지로 주로 게임을 하거나 채팅을 한다. 일부 악덕 PC방 주인들은 돈을 벌기 위해 미성년자들을 출입시키고 음란사이트에 접속하여 야동을 볼 수 있도록 하는 경우도 많다. 한국처럼 모든 집에 개인 컴퓨터 있는 것이 아니기 때문에 중국에서의 PC방 인기는 아직도 대단하다.

*31 网上购物 인터넷 쇼핑, 온라인 쇼핑

A 你经常在网上购物吗?
Nǐ jīngcháng zài wǎngshang gòuwù ma?

B 网上购物? 在商场购物也经常被人骗, 还敢网上购物。
Wǎngshang gòuwù? Zài shāngchǎng gòuwù yě jīngcháng bèi rén piàn, hái gǎn wǎngshang gòuwù。

A 너 항상 인터넷 쇼핑몰에서 물건 사니?
B 인터넷 쇼핑? 상점가서 물건 사도 항상 사기 당하는데 무슨 인터넷 쇼핑이야?

관련 어휘 학습

购物	gòuwù	동 물건을 사다, 쇼핑하다
		명 쇼핑
骗	piàn	동 속이다, 기만하다

| 용어해설 |

인터넷 쇼핑, 온라인 쇼핑

중국에서도 홈쇼핑이 대단한 인기를 누리고 있다. 한국의 CJ홈쇼핑도 중국에 진출하여 성공을 거두고 있다. 하지만 인터넷 쇼핑은 크게 활성화 되어 있지는 못하다. 쇼핑몰 사이트도 그리 많지 않다. 이유는 중년이상의 중국인들은 아직 이 새로운 쇼핑 방식에 익숙하지 않고 또한 사기 사건이 너무나 많이 일어나기 때문에 젊은이들을 비롯한 대부분의 중국인들이 아직은 인터넷 쇼핑을 믿지 못하기 때문이다.

Tip

중국에서는 왜 자동판매기랑 신용카드 쓰기가 힘들까?

중국에 가 보면 자동판매기가 많이 보이지 않는다. 또한 있다 해도 관리인이 옆에 서서 대신 돈을 넣어 주며 지키고 있는 경우가 많다. 중국이 아직 경제적으로 덜 발달한 이유도 있겠지만 중국인들은 전통적으로 눈에 보이는 직접적인 현금 거래를 믿고 신뢰한다. 우리가 중국인을 속되게 부를 때 '짱깨'라고 하는데 이는 '掌柜(Zhǎngguì)'에서 온 말로 '(옛날)상점의 주인'을 일컫는 말이다. 현재의 사장님과 같다. (한국에서는 자장면도 짱깨라고 의미가 확대되었다). 이 말은 '柜(금고)'를 '掌(관장하다)'에서 온 말인데 중국인들은 돈을 벌면 집안에 금고를 두고 그 곳에 현금을 보관해왔기 때문에 생긴 말이다. 이처럼 중국인은 아직도 돈을 모으면 집안의 비밀스러운 곳에 돈을 모아두는 습관을 가지고 있다. 그러니 의심 많은 중국인들은 자동판매기에 돈을 넣었는데 돈을 먹고 물건이 안 나올까봐 걱정 되어 자동판매기를 믿지 못하는 것이다. 그래서 중국에서는 신용카드로 물건을 살 수 있는 곳도 극히 드물다.

대부분이 현금 거래이기 때문에 중국에 갈 때는 항상 현금을 적당히 들고 가야지 우리나라처럼 신용카드만 믿고 다니다간 낭패 보기 쉽다. 또한 인터넷 쇼핑도 우리만큼 활성화 되어 있지 못하고 있고 대부분의 중국인들은 인터넷 쇼핑을 잘 믿지 않는다. 그래서 중국 사이트를 서핑하다 보면 인터넷 쇼핑몰 사이트가 그리 많지 않음을 알 수 있을 것이다. 물론 경제가 더 발달하고 신용사회, 정보통신 기술이 더욱 발달하게 되면 중국에서도 신용카드 가맹점이 많아지고, 자동판매기도 늘어날 것이다. 하지만 중국인의 의심 많은 사고는 금방 고치기 힘들 것이다. "중국에 가면 중국풍속을 따르라(入境随俗: rùjìngsuísú)"는 말이 있다. 중국에서 사업하려면 이런 점도 고려하고 사업 전략을 짜야 할 것이다.

● 중국의 미녀 자판기

코카콜라와 스프라이트 음료수 자동판매기 안에 미녀가 직접 들어가 음료수를 뽑아주는 이벤트를 하고 있다.

32 死机 컴퓨터가 뻗어버리다, 다운되다

Ⓐ 破电脑！怎么又死机了？
Pò diànnǎo! Zěnme yòu sǐjī le?

Ⓑ 是不是中毒了？
Shì bu shì zhòngdú le?

Ⓐ 昨天还没问题啊。
Zuótiān hái méi wèntí a。

Ⓑ 昨天健康不等于永远健康啊。
Zuótiān jiànkāng bù děngyú yǒngyuǎn jiànkāng a。

A 망할 놈의 컴퓨터, 또 뻗어버렸네.
B 바이러스 감염된 거 아냐?
C 어제는 괜찮았는데.
D 어제 건강했다고 평생 건강하다고 볼 수는 없잖아.

관련 어휘 학습

破	pò	동 ①찢어지다, 해지다, 파손되다
		②다치다, 상하다, 상처를 입다
		형 좋지 않다, 저질이다, 시시하다, 하찮다, 보잘것없다, 낡다
中毒	zhòngdú	동 ①중독되다 ②해를 입다, 나쁜 영향을 받다
		명 중독

| 용어해설 |

컴퓨터가 뻗어버리다, 다운되다

한국의 젊은이들은 컴퓨터가 바이러스 감염이나 다른 이유로 다운되어 버릴 때 "컴퓨터가 쭉 뻗어 버렸다"라고 한다. 중국에서는 아예 "컴퓨터가 죽어버렸다"라고 표현한다.

* 33 垃圾邮件 스팸메일(spam mail)

A 我的邮箱最近垃圾邮件特别多。有换妻俱乐部的，也有恋足俱乐部的，什么都有。
Wǒ de yóuxiāng zuìjìn lājīyóujiàn tèbié duō。Yǒu huànqī jùlèbù de, yě yǒu liànzú jùlèbù de, shénme dōu yǒu。

B 你是不是上过这样的网站？所以你的个人资料被泄露了。
Nǐ shì bu shì shàngguo zhèyàng de wǎngzhàn, Suǒyǐ nǐ de gèrén zīliào bèi xièlù le。

A 요즘 내 메일함에 스팸메일이 너무 많이 와.
B 스와핑 클럽 메일, 연예 클럽 메일, 별 게 다 와.
C 너 그런 사이트에 들어가 본 적 있지? 그래서 너 개인 자료가 다 낚인 거야.

관련 어휘 학습

邮箱	yóuxiāng	명 우편함, 우체통, 사서함
泄露	xièlù	동 ①새다 ②비밀 기밀을 누설하다, 누설 폭로하다

Tip

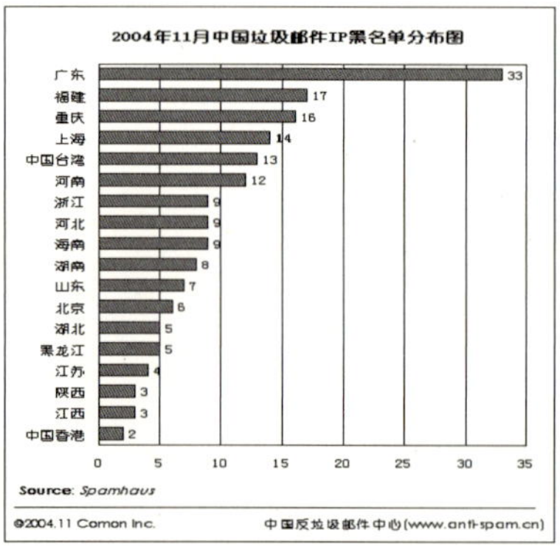

• **중국에서 스팸메일을 제일 많이 발송하는 지역은?**

2004년 중국안티스팸메일센터[中国反垃圾邮件中心(www.anti-spam.cn)]의 스팸메일 IP 추적결과 广东(Guǎngdōng), 福建(Fújiàn), 重庆(Chóngqìn), 上海(Shànghǎi), 台湾(Táiwān) 순서로 그 분포가 많음이 나타났다. 모두 다 연안지역의 경제가 발달한 도시이며 외국과의 왕래가 많은 국제적인 지역임이 밝혀졌다.

제2부

달콤·
위험한 유혹 ⑲

교과서 밖의
일탈된 중국어 표현을 알아보자.

*01 做爱 섹스하다

A 老王，你跟你老婆多长时间做一次爱啊？
Lǎo Wáng, nǐ gēn nǐ lǎopo duōcháng shíjiān zuò yí chì ài a?

B 一边去。小小年纪不学好，尽想乱七八糟的事。
Yìbiān qù。Xiǎoxiao niánjì bù xué haǒ, jìnxiǎng luànqībāzāo de shì。

A 这怎么叫不学好呢？做爱也是一门学问嘛。
Zhè zěnme jiào bù xué haǒ ne? Zuòài yě shì yì mén xuéwèn ma。

A 라오왕, 너 니 마누라랑 얼마만에 한번 씩 섹스하냐?
B 꺼져, 쬐그만한게 못된 것만 배워서는 말이지 별 요상한 생각만 하고 있어.
A 이거랑 못 배운거랑 무슨 상관이야? 섹스도 일종의 학문이라고.

관련 어휘 학습

老婆	lǎopo	명 마누라, 처
尽想	jìn xiǎng	~만 생각하다
小小	xiǎoxiao	'小'를 중첩하면 '很小'의 의미가 된다
乱七八糟	luànqībāzāo	成 엉망진창이다, 아수라장이다
门	mén	양 과목, 가지, 문 (학문, 기술, 대포 등을 세는 데 쓰임)
学问	xuéwèn	명 학문

| 용어해설 |

섹스하다

사랑을 하다. 즉, 성교, 섹스를 하다란 뜻으로 중국인이 가장 보편적으로 쓰는 표현이다. 영어 'Make Love'에서 온 말이다.

*02 肛交 항문섹스

A 老王, 你能接受肛交吗?
Lǎo Wáng, nǐ néng jiēshòu gāngjiāo ma?

B 没试过, 但看A片里的人好象特疼啊。
Méi shìguo, dàn kàn Apiàn li de rén haǒxiàng tè téng a。

A 要不, 让我做一下你看看。
Yàobù, ràng wǒ zuò yíxià nǐ kànkan。

B 滚, 神经病。
Gǔn, shénjīngbìng。

A 라오왕, 넌 항문섹스 할 수 있겠니?
B 안 해 봤는데 포르노 영화 보니까 되게 아파하는 것 같더라.
A 안 해봤으면 내가 한 번 해줄까?
B 꺼져, 이 미친놈아.

관련 어휘 학습

接受	jiēshòu	동 받아들이다, 수락하다, 접수하다
疼	téng	동 ①아프다 ②몹시 아끼다, 매우 사랑하다
要不	yàobù	접 그렇지 않으면, 그러지 않으면
滚	gǔn	동 ①구르다, 뒹굴다 ②나가다, 떠나다
		③ (물이) 끓다, 세차게 흐르다
神经病	shénjīngbìng	명 신경병, 정신병

| 용어해설 |

항문섹스

민간에서는 '鸡奸(jījiān)'이라고 한다. 남녀 간이든 남자 동생애자들 간이든 항문에 삽입하는 것을 '肛交(gāngjiāo)'라고 한다. 전에는 이런 말이 없었는데 외국의 포르노 영화가 광범위하게 유통되면서 중국인들도 섹스에 대한 전통적인 인식이 많이 바뀌었다. 그래서 어떤 인터넷 사이트에서는 부부간의 항문섹스 경험수기도 경쟁적으로 올라오고 있는 실정이다.

*03 小弟弟 고추

A 昨天真倒霉。
Zuótiān zhēn dǎoméi。

B 怎么了? 家里进小偷了?
Zénme le? jiāli jìn xiǎotōu le?

A 不是。昨天在公共汽车上, 被一个人撞了小弟弟, 到现在还疼呢。
Búshì。Zuótiān zài gōnggòngqìchē shang, bèi yí ge rén zhuàng le xiǎ odìdi, dào xiànzài hái téng ne。

B 哈哈, 不会阳萎了吧。
Hāha, búhuì yángwěi le ba。

A 你才阳萎了呢。
Nǐ cái yángwěi le ne。

A 어제 정말 재수 없었어.
B 왜? 집에 도둑이라도 들었니?
A 아니. 어제 버스를 탔는데 어떤 사람한테 고추를 부딪쳤지 뭐야, 아직도 아프다.
B 하하, 근데 발기 부전되는 건 아니겠지?
A 너나 발기부진 되라.

관련 어휘 학습

倒霉	dǎoméi	동 재수 없는 일을 당하다
		형 재수없다
小偷	xiǎotōu	명 좀도둑
撞	zhuàng	동 ①부딪치다, 충돌하다 ②우연히 만나다 ③부딪쳐보다
阳萎	yángwěi	명 성교 불능증, 발기부전

| 용어해설 |

고추

남성의 성기를 칭하는 것으로 '老二(lǎoèr)'이라고도 한다.

*04 JJ 고추

A 帅哥，我们一起视频吧？
Shuàigē, wǒmen yìqǐ shìpín ba?

B 好啊，你想看什么？
Hǎo a, nǐ xiǎng kàn shénme?

A 当然是看你的大JJ啊。
Dāngrán shì kàn nǐ de dàjīji a?

B 哈哈，小流氓。
Hāha, xiǎo liúmáng。

A　킹카 오빠, 우리 화상채팅 할까?
B　좋아, 너 뭐 보고 싶니?
A　당연히 오빠 왕자지지.
B　하하, 까진 년.

관련 어휘 학습

帅	shuài	형 멋지다, 스마트하다
流氓	liúmáng	명 ①건달 ②불량배

| 용어해설 |

고추

남성의 생식기를 민간에서는 '鸡鸡(jījī)'라고 부른다. 주로 남자 어린아이들 고추를 귀엽게 부르는 말이었는데 인터넷에서는 타자의 용이함을 위해 'JJ'라고 한다.

광고 카피 해설 1

- 중국 공익광고: 에이즈 방지

看好你的鸟儿:
자기 물건 간수 잘 하세요 !
kàn hǎo nǐ de niǎor

鸟儿: 작은 새, 대만에서는 속칭으로
'남성의 성기'를 일컫는다.

광고 카피 해설 2

- 중국 바지 매장 광고 - 특대 사이즈 전문 바지 전문점

再大的鸟 都装的下
Zài dà de niǎo dōu zhuāng de xià
아무리 큰 성기도 들어갈 수 있습니다
아무리 덩치가 큰 사람에게도 맞는 바지를 파는 곳임을 강조한 광고

*05 吹箫 퉁소를 불다? = 오럴섹스

A 业余时间你最喜欢什么？
Yèyú shíjiān nǐ zuì xǐhuan shénme?

B 我比较喜欢吹箫。小时候我爸爸教我学过吹箫。
Wǒ bǐjiào xǐhuan chuīxiāo。Xiǎoshíhou wǒ bàba jiāo wǒ xuéguo chuīxiāo。

A 是吗？那现在给我吹吹吧。我JJ正痒痒呢。
Shì ma? Nà xiànzài géi wǒ chuīchui ba。Wǒ jīji zhèng yǎngyang ne。

B 滚，尽想好事。
Gǔn, jìnxiǎng hǎoshì。

A 시간 날 때 뭐 하는 게 제일 좋으냐?
B 나 퉁소 부는 거 좋아해. 어릴 때 우리 아빠가 퉁소 부는 거 가르쳐 주셨거든.
A 그래? 그럼 나도 한 번 빨아줘. 내 고추가 지금 근질근질하거든.
B 꺼져. 생각하는 거 하곤.

관련 어휘 학습

业余	yèyú	형 ①여가의, 근무시간 외의 ②아마추어의
痒	yǎng	형 가렵다, 근질근질하다
业余选手	yèyú xuānshǒu	아마추어 선수
职业选手	zhíyè xuānshǒu	프로 선수

| 용어해설 |

퉁소를 불다? = 구강섹스

글말로는 '口交(kǒujiāo)', '口淫(kǒuyín)'이라고 한다. 원래 '吹箫(chuīxiāo)'는 '퉁소를 불다'라는 뜻인데 '오럴섹스'를 가리키는 은어로 사용되고 있다.

*06 打飞机 비행기를 날리다? = 자위하다

A 昨天真他妈的尴尬。
Zuótiān zhēn tāmāde gāngà。

B 怎么了？打飞机的时候让老婆发现了？
Zěnme le? dǎ fēijī de shíhou ràng lǎopo fāxiàn le?

A 去你的。狗嘴里吐不出象牙。
Qù nǐ de。gǒu zuǐ li tù bu chū xiàngyá。

A　어제 졸라 황당했다.
B　왜? 딸딸이 치다가 마누라한테 들켰냐?
A　아이 씨, 하여튼 넌 개 같은 소리만 지껄여대.

관련 어휘 학습

尴尬	gāngà	형 ①난처하다, 곤란하다 ②어색하다, 부자연스럽다
狗嘴里吐不出象牙	gǒu zuǐ li tù bu chū xiàngyá	
		俗 개 주둥이에서 상아를 토해낼 수 없다
		하찮은 인간은 품위 있는 말을 못한다
		개는 개소리 밖에 못 낸다
		= 鼠口不出象牙(shǔ kǒu bu chū xiàngyá),
		狗嘴掉不出象牙(gǒu zuǐ diào bu chū xiàngyá)

| 용어해설 |

비행기를 날리다? = 자위하다

자위행위 하는 것을 비행기 날린다고 표현한다.

*07 叫床 침대를 부르다? = 신음소리

A 我快让我们家隔壁的人折磨疯了。
Wǒ kuài ràng wǒmen jiā gébì de rén zhémo fēng le。

B 怎么了? 他们喜欢在家卡拉OK?
Zěnme le? Tāmen xǐhuan zài jiā kǎlāOK?

A 比卡拉OK更刺激。那女的天天晚上叫床, 声音太夸张了。
Bǐ kǎlāOK gèng cìjī。Nà nǚde tiāntian wǎnshang jiàochuáng, shēngyīn tài kuāzhāng le。

B 你嫉妒人家了吧?
Nǐ jídù rénjiā le ba?

A 나 옆 집 사람 땜에 괴로워 죽을 지경이다.

B 왜 그래? 옆집 사람들이 노래방이라도 설치했냐?

A 노래방보다 더 심해. 그 옆 집 여자 매일 밤마다 소리를 질러대는데 신음소리가 너무 지나쳐.

B 너 질투하는 거지?

관련 어휘 학습

隔壁	gébì	명 이웃, 이웃집, 옆집
折磨	zhémo	동 괴롭히다, 구박하다 명 괴로움, 고통
疯	fēng	명·동 실성(하다), 발광(하다)
卡拉OK	kǎlāOK	명 가라오케
夸张	kuāzhāng	동 과장하다

| 용어해설 |

침대를 부르다? = 신음소리

섹스 할 때 내는 신음소리.

*08 变性 성전환, 트렌스젠더

Ⓐ 小王的身材和脸蛋都不错。你要是变性成女的，我一定娶你。
Xiǎo Wáng de shēncái he liǎndàn dōu búcuò。Nǐ yàoshì biànxìng chéng nǚde, wǒ yídìng qǔ nǐ。

Ⓑ 我看你今天又吃错药了吧。
Wǒ kàn nǐ jīntiān yòu chī cuò yào le。

A　샤오왕 너 몸매나 얼굴 다 좋아. 네가 만일 여자로 성전환 한다면 꼭 너랑 결혼할거야.

B　너 오늘 또 약 잘못 처먹었지!

관련 어휘 학습

身材	shēncái	명 체격, 몸집, 몸매
脸蛋	liǎndàn	명 ①낯, 얼굴 ②뺨, 볼
娶	qǔ	동 장가가다, 장가들다
吃错药	chīcuòyào	약을 잘못 먹다

| 용어해설 |

성전환, 트렌스젠더

현대 의학기술은 여성을 남성으로 바꾸는 수준까지 발전하였다. 지금 중국에서 가장 유명한 트렌스젠더는 바로 하리수이다. 하리수의 인기로 인해 중국에서도 성전환 수술을 하고자 하는 남성들이 음지에서 양지로 급격히 부상하고 있다고 한다.

광고 카피 해설

- 중국 속옷 광고 모델이 된 하리수

show me 秀胸罩 your bra
贴身自由(tiēshēn zìyóu): 몸에 착 달라붙는 자유

'秀'는 3가지 의미를 담고 있다.

① 음을 이용: 'show'와 '秀(xiù)'의 발음이 거의 같다. 즉, "너의 브래지어를 보여 달라."는 의미이다. 중국에서는 '토크쇼(Talk Show)'를 '脱口秀(tuōkǒuxiù)'라고도 한다.

② '秀'는 아름다울 '수'의 의미이다. 즉, '아름다운 브래지어'라는 의미이다.

③ 광고모델 '河莉秀(하리수)'의 이름 '秀'를 상징한다. 즉, '하리수가 입는 브래지어'란 뜻이다. 종합적으로 볼 때 "아름다운 하리수가 입는 예쁜 브래지어를 보여 달라."는 뜻이 된다.

관련 어휘 학습

胸罩	xiōngzhào	브래지어
河莉秀	Hé Lìxiù	하리수

*09 鸡 매춘녀, 호스티스

A 星期天你在家干什么呢? 出来一起玩玩吧。
Xīngqītiān nǐ zài jiā gàn shénme ne? chūlái yìqǐ wánwan ba。

B 不行, 我老爸在家, 不让我出去玩。
Bùxíng, wǒ lǎobà zài jiā, bú ràng wǒ chūqù wán。

A 真笨, 你给你老爸花钱叫个鸡, 他一高兴, 一定放你出来玩。
Zhēn bèn, nǐ géi nǐ de lǎobà huāqián jiào ge jī, tā yì gāoxìng, yídìng fàng nǐ chūlái wán。

A 일요일 날 집에서 뭐 하냐? 나와서 같이 놀자.
B 안 돼. 울 아빠가 집에 있어서 못 나가 놀게 해.
A 등신, 네 아빠한테 여자 하나 부쳐 줘. 그럼 좋아서 나가게 해 줄걸.

관련 어휘 학습

笨	bèn	형 ①어리석다, 멍청하다 ②서투르다, 어색하다
花钱	huāqián	동 돈을 쓰다

| 용어해설 |

매춘녀, 호스티스

성과 관련된 일, 특히 성매매가 주업종인 여성을 통틀어 '鸡'라고 한다. 매춘녀 중에서도 정도가 심한 여성은 '野鸡(yějī)'라고도 한다.

광고 카피 해설

• 중국 KFC에 장난삼아 붙여 둔 문구

At KFC, We do chiken right !

중문번역: 在肯德基, 我们做鸡是对的!
zài Kěndéjī, wǒmen zuò jī shì duì de
KFC에선 매춘녀가 되는 것이 맞습니다.

KFC는 닭을 전문적으로 파는 패스트푸드점이다. 그래서 KFC에서 "닭을 만든다(做鸡)"는 당연한 이야기다. 하지만, 이 표현은 결국 '做鸡(매춘녀가 되다)'라는 의미이다. 중국어의 비유법을 활용한 장난스러운 문구이다.

10 鸭 남창, 호스트

A 最近很多公司打广告招聘男公关，听说收入挺高的。我们也试试吧。
Zuìjìn hěn duō gōngsī dǎ guǎnggào zhāopìn nángōngguān, tīngshuō shōurù tǐng gāo de。

B 你真是老土。什么男公关！那就是做鸭的。你去吗？
Nǐ zhēn shì lǎotǔ。Shénme nángōngguān!。Nà jiù shì zuò yā de。Nǐ qù ma?

A 那就免了吧。再说我也没什么资本啊。我觉得你倒挺合适的。
Nà jiù miǎn le ba。Zàishuō wǒ yě méi shénme zīběn a。Wǒ juéde nǐ dǎo tǐng héshì de。

B 去你的。
Qù nǐ de。

A 요즘 여러 회사에서 남자 직원들 많이 뽑는다는 광고가 나왔어. 수입도 되게 많다고 하던데 우리 한번 지원해보자.
B 너 진짜 촌스럽다. 남자 직원은 무슨! 그게 바로 호스트야. 너 갈거냐?
A 그럼 말자. 사실 난 뭔 기본바탕이 없어서. 근데 내가 보기에 넌 딱 어울릴 것 같다.
B 이런 씨~

관련 어휘 학습

招聘	zhāopìn	동 초대하다, 모집하다, 초빙하다
公关	gōngguān	명 공공관계, 직원
收入	shōurù	명 수입, 소득
免	miǎn	동 ①면하다, 면제하다 ②벗어나다, 영향을 받지 않다 ③해임하다
资本	zīběn	명 ①자본 ②밑천, 본전

| 용어해설 |

남창, 호스트

'鸡'와 반대되는 말로 남자가 여자보다 덩치가 좀 크기 때문에 '鸭'로 불려 진다고 한다. 최근 중국에서는 돈을 많이 번 여성들이 급격히 늘어나고 외국인 현지처 등이 남편이 없는 틈을 타 남자 접대부의 서비스를 받아가며 즐기는 퇴폐업소가 성행하고 있다고 한다.

*11 二奶 여자 세컨드, 첩

A 老公啊, 如果有很多钱, 你打算干什么?
Lǎogōng a, rúguǒ yǒu hěn duō qián, nǐ dǎsuan gàn shénme?

B 我也学人家大款, 先包一个漂亮的二奶。
Wǒ yě xué rénjiā dàkuǎn, xiān bāo yī ge piàoliang de èrnǎi。

A 你敢? 看我怎么收拾你。
Nǐ gǎn? kàn wǒ zěnme shōushi nǐ。

B 开个玩笑嘛。
Kāi ge wánxiào ma。

A　여보, 만약 돈이 되게 많다면 당신은 뭐 할 거예요?
B　나도 부자들 하는 거 배워서 먼저 예쁜 애인 하나 만들어야지.
A　당신! 그러기만 하면 내가 어떻게 하는지 두고 봐요.
B　농담이야.

관련 어휘 학습

大款	dàkuǎn	명 큰 부자, 대부호
收拾	shōushi	동 ①거두다, 치우다 ②고치다, 수리하다 ③혼내주다, 벌주다

| 용어해설 |

여자 세컨드, 첩

아내 이외에 다른 불륜 여자 애인을 '二奶(èrnǎi)'라고 한다. 주로 동사는 '包(bāo)'를 써서 '包二奶(bāoèrnǎi)'라 한다.

- 부부 호칭어의 사용법

'老公'과 '老婆'는 부부간에 서로 부르는 말로 우리말의 '여보'와 비슷하다. 상대방 부부를 호칭할 때는 친한 친구사이에서나 쓰는 말이니 연장자나 예의를 갖추어야 하는 장소에서는 써서는 안 된다. 상대방 부부를 칭할 때는 '先生', '太太', '夫人'이 가장 극존칭이고 자신의 남편이나 아내를 호칭할 때는 조금 낮추어 '丈夫', '妻子'라고 하는 것이 예의에 부합한다.

二奶의 인권을 보호하자는 인터넷 사이트

- 二奶维权网(www.2n88.com): 애인 인권 보호 사이트

지금은 사이트가 폐쇄되었다. 하지만 유사한 사이트가 아직 많다. 메인화면에는 "二奶是人, 当有人权(애인도 사람입니다, 당연히 인권이 있어야 합니다.)"라는 문구가 뜬다. 애인 대행하는 사람들도 사람이고 다 먹고 살아야하니 보호해야 한다고 주장하는 사이트로 애인을 구하거나 원하는 사람들, 또는 애인을 양도한다는 사람들끼리의 소통 역할을 한다. 이 사이트가 큰 사회적 이슈가 되었고 언제 폐쇄될지 알 수는 없으나 중국인의 성 관념이 얼마나 바뀌었는지 알 수 있는 사이트임엔 틀림없다.

*12 二爷 남자 세컨드

A 你老公又有钱又帅, 你不怕他背着你包二奶?
Nǐ lǎogōng yòu yǒu qián yòu shuài, nǐ búpà tā bèizhe nǐ bāo èrnǎi?

B 他要是敢包二奶, 我就包二爷。看谁厉害。
Tā yàoshì gǎn bāo èrnǎi, wǒ jiù bāo èryé。kàn shéi lìhai。

A 네 남편 돈도 많고 멋있는데 너 배신하고 애인 생겼는지 겁 안나?

B 만일 애인이 생겼다면 나도 애인 하나 만들면 되지 뭐.
누가 대단한지 두고 보자고.

Tip

• **중국의 호스트바**

중국에서는 여성 접대부를 속칭 '닭(鸡)'이라 하고 남자접대부는 닭보다는 덩치가 큰 '오리(鸭)'라고 한다. 그래서 '호스트바'를 속칭 '鸭吧(yā- bā)'라고 한다. 물론 불법이지만 점점 자본주의화 되어가는 중국에서 비밀리에 성행하고 있는 추세이다.

| 용어해설 |

남자 세컨드

'二奶'의 반대말로 여자의 남편 외 다른 불륜 애인을 '二爷(èryé)'라고 한다.

13 换妻俱乐部 부부교환 스와핑 클럽

A 最近在网上老看到换妻俱乐部的报道。
Zuìjìn zài wǎngshang lǎo kàndào huàn qī jùlèbù de bàodào。

B 怎么，你也想试试？要换就先和我换吧。我早就喜欢你老婆了。
Zěnme, nǐ yě xiǎng shìshi? yào huàn jiù xiān hé wǒ huàn ba。
Wǒ zǎo jiù xǐhuan nǐ lǎopo le。

A 恶心。滚一边去。
ěxin。gǔn yìbiān qù。

A 요즘 인터넷에서 자주 스와핑 동우회 소식을 봐.

B 왜? 너도 한 번 해보려고? 하려면 나랑 하자. 난 네 마누라가 진즉부터 좋았거든.

A 웩! 저리 꺼져.

관련 어휘 학습

报道	bàodào	명·동 보도(하다)
恶心	ěxin	명·동 구역질(이 나다), 오심(이 일어나다)
换妻	huànqī	아내를 교환하다. 스와핑
俱乐部	jùlèbù	'클럽(Club)'의 중국어 음역

| 용어해설 |

부부교환 스와핑 클럽

부부를 교환하여 섹스를 즐기는 모임. 주로 새로운 성적 자극과 쾌락을 위해 시도하는데 중국에서도 주로 대도시의 고위 부유층 사이에서 은밀히 유행하고 있다고 한다.

*14 富婆俱乐部 갑부 아줌마 클럽

A 现在的女人真厉害啊。
Xiànzài de nǚrén zhēn lìhai a。

B 怎么了?
Zěnme le?

A 听说很多有钱的女人加入富婆俱乐部, 一起玩弄各种男人。
Tīngshuō hěn duō yǒuqián de nǚrén jiārù fùpójùlèbù, yìqǐ wánnòng gè zhǒng nánrén。

B 怎么了? 你也想被很多女人玩弄玩弄?
Zénme le? nǐ yě xiǎng bèi hěn duō nǚrén wánnòng wánnòng?

A 哈哈, 不敢, 我受不了。
Hāha, bùgǎn, wǒ shòu bu liǎo。

A 요즘 여자들 참 대단해.
B 왜?
A 돈 많은 여자들이 아줌마 클럽에 가입해서 여러 남자들을 데리고 논대.
B 왜? 너도 여자들한테 갖고 놀리고 싶으냐?
A 하하, 뭔 소리, 난 못 견디지.

관련 어휘 학습

玩弄	wánnòng	동 ①희롱하다, 우롱하다 ②가지고 놀다 ③(수단을)쓰다, 부리다
受不了	shòu bu liǎo	참을 수 없다

| 용어해설 |

갑부 아줌마 클럽

대단히 부유한 여성들이 평소 성적인 불만족을 돈으로 남성을 사서 해결하는 비밀스런 단체모임으로 주로 고위 부유층 여성들이 사이에서 브로커를 끼고 음성적으로 이런 모임을 정기적으로 주선한다고 한다.

*15 波霸 왕가슴

A 快看对面那个女人。
Kuài kàn duìmiàn nà ge nǚrén。

B 啊，超级大波霸。
ā, chāojí dà bōbà。

A 怎么样？流口水了吧！
Zěnmeyàng? liú kǒushuǐ le ba!

B 没错，小弟弟也流水了。
Méicuò, xiǎodìdi yě liúshuǐ le。

A　야 빨리 저 앞에 여자 좀 봐.
B　와, 슈퍼 왕가슴이다.
A　어때? 침이 흐르지.
B　그래. 고추에서도 침이 흐른다.

관련 어휘 학습

超级	chāojí	형 초, 뛰어난
口水	kǒushuǐ	명 ①군침 ②침
对面	duìmian	명 반대편, 맞은편, 바로 앞, 정면
没错	méicuò	틀림없다, 분명하다, 옳다, 맞다, 잘못됨이 없다

| 용어해설 |

왕가슴

'波(bō)'는 영어 'ball'에서 온 말로 여성의 가슴을 말한다. 근데 가슴계에 패왕이라는 뜻으로 '霸(bà)'를 넣어 '波霸(bōbà)'라고 한다. 중국의 대표적인 왕가슴 배우로는 '叶子楣(Yè Zǐméi)'와 '叶玉卿(Yè Yùqīng)'이 있는데 이 들은 '波圣(bōshèng: 가슴의 聖人)'이라고 불리기도 한다. 수많은 성인영화를 찍어 성인 영화계의 전설로 통한다.

- 중국 에로영화의 대표적 글래머 배우

叶子楣

叶玉卿

*16 同志 게이, 레즈비언

A 昨天晚上路过中山广场，看到很多男人鬼鬼祟祟的，还有个男人要和我交朋友。吓死我了。
Zuótiān wǎnshang lùguò Zhōngshān guǎngchǎng, kàn dào hén duō nánrén guǐguǐsuìsuì de, háiyǒu ge nánrén yào he wǒ jiāo péngyou。xiàsǐ wǒ le。

B 哈哈，然后呢？
Hāha, ránhòu ne?

A 什么然后？然后我就走了啊。
Shénme ránhòu? ránhòu wǒ jiù zǒu le a。

B 你真不知道？那儿是北京最大的同志基地。
Nǐ zhēn bù zhīdao? nàr shì Běijīng zuì dà de tóngzhì jīdì。

A 是吗？那个人看起来挺帅啊。
Shì ma? nà ge rén kàn qǐ lái tǐng shuài a。

B 怎么，后悔了？那今天就去找他吧。
Zěnme, hòuhuǐ le? nà jīntiān jiù qù zhǎo tā ba。

A 어제 저녁에 중산광장을 지나갔는데 수많은 남자들이 이상한 행동들을 하고 있는 거야. 게다가 어떤 남자가 나보고 사귀자고 해서 놀라 죽는 줄 알았다.

B 하하, 그 다음엔?

A 무슨 그 다음이야? 그 다음엔 그냥 갔지.

B 너 정말 몰라? 거기가 바로 베이징에서 제일 큰 동성연애자들 집합소잖아.

A 그래? 그 남자 생기긴 정말 잘 생겼던데…

B 왜? 후회하니? 그럼 오늘 가서 그 사람 찾아봐.

관련 어휘 학습

鬼鬼祟祟	guǐguǐsuìsuì	成 남 몰래 숨어서 수상한 짓을 하다
吓死	xiàsǐ	몹시 놀라다, 몹시 놀라게 하다
基地	jīdì	명 ①기지 ②근거지 ③택지, 부지
后悔	hòuhuǐ	명·동 후회(하다)

Tip

중국에서도 이제는 표현의 자유가 점차 허용됨에 따라 동성연애자들의 공식적인 행사도 많아졌다. 아래는 '남자동성연애자(게이) 가요대회'와 '제1회 베이징 동성연애자 문화 축제' 포스터이다.

〈남자 동성연애자(게이) 가요대회〉

〈제1회 베이징 동성연애자 문화 축제〉

| 용어해설 |

게이, 레즈비언

'同志'는 중화인민공화국의 한 시대를 풍미했던 역사적인 호칭어이다. 개혁개방 이후 정치적인 색채가 급격히 사라지면서 서서히 사라져가고 있다. 심지어는 동성애자를 가리키는 말로 홍콩 언론 등에서 먼저 사용하기 시작하다 지금은 중국어권 전체에 동성애자를 가리키는 은어로 사용되고 있다. 남자동성애는 '男同志(nántóngzhì)'라 하고 여자동성애자는 '女同志(nǚtóngzhì)' 또는 영어 '레즈비언'에서 온 '拉拉(lāla)'라고도 한다.

*17 雨衣 비옷, 콘돔

A 小弟弟很可爱啊。但是还是请你给它穿上雨衣吧。
Xiǎodìdi hěn kěài a。dànshì háishì qǐng nǐ géi tā chuānshang yǔyī ba。

B 小弟弟不爱穿雨衣, 不穿不行吗?
Xiǎodìdi bú ài chuān yǔyī, bùchuān bùxíng ma?

A 不行, 这是我们的规矩, 不穿雨衣不接待。
Bùxīng, zhè shì wǒmen de guīju, bùchuān yǔyī bù jiēdài。

A 동생 참 귀엽네. 그래도 비옷은 입어주길 바래.
B 동생은 비옷 입는 거 안 좋아하는데요. 안 입으면 안 돼요?
A 안 돼. 이건 우리 규칙이야. 안 입으면 서비스 없어.

관련 어휘 학습

安全套	ānquántào	명 콘돔
避孕套	bìyùntào	명 콘돔
规矩	guīju	명 규칙, 표준, 법칙
接待	jiēdài	명·동 접대(하다), 응접(하다)

| 용어해설 |

비옷, 콘돔

콘돔이 고무로 만들어져 있어 비옷에 비유하였다.
정식용어는 '安全套(ānquántào)', '保险套(bǎoxiǎntào)', '避孕套(bìyùntào)'라고 한다.

광고 카피 해설

• 중국의 유명 콘돔 메이커

多乐士(Duōlèshì)

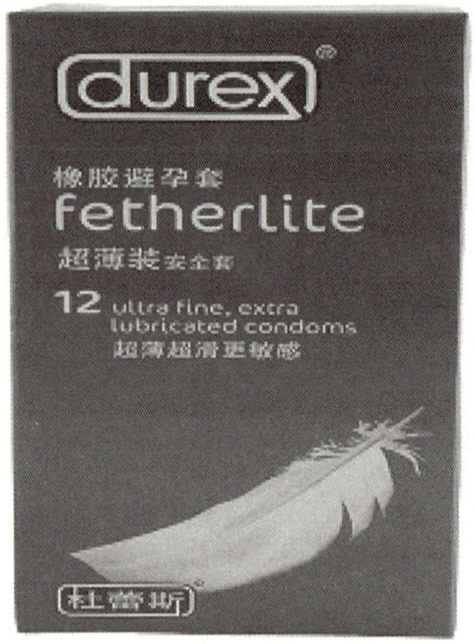

杜蕾斯(Dùléisī)

① '多乐士'는 '많은(多) 즐거움(快樂)을 누리는 신사(紳士)'라는 뜻으로 'DON- LESS' 제품의 중문명이다. 발음도 거의 비슷하고 뜻도 콘돔의 기능을 잘 대변하는 잘 지은 브랜드네임이다.

② '杜蕾斯'는 별 의미 없이 음역한 것이다. 글로벌기업 'DUREX'사 제품으로 'DON-LESS'의 '多乐士'를 'DUREX' 중문이름으로 하는 것이 훨씬 낳았을 것이다.

*18 性虐待 성 학대

A 听说张曼玉和她的法国老公离婚了。
Tīngshuō Zhāng Mànyù he tā de Fǎguó lǎogōng líhūn le。

B 真的假的?
Zhēnde jiǎde?

A 骗你干嘛。而且听说是受不了她老公的性虐待。
Piàn nǐ gàn ma。érqiě tīngshuō shì shòu bu liǎo tā lǎogōng de xìngnüèdài。

B 你们男人可真变态啊。
Nǐmen nánrén kě zhēn biàntài a。

A 怎么把我也扯进去了啊。
Zěnme bǎ wǒ yě chě jìnqù le a。

A 있잖아, 장만옥이 프랑스 남편이랑 이혼했대.
B 진짜 아님 뻥?
A 뻥 쳐서 뭐 하니? 근데 장만옥이 남편의 성 학대를 도저히 못 견뎌서 그랬대.
B 너희 남자들이란 정말 변태들이야.
A 근데 왜 나까지 거기다 집어넣니?

관련 어휘 학습

离婚	líhūn	명·동 이혼(하다)
变态	biàntài	명 변태, 정상이 아닌 상태

| 용어해설 |

성 학대

상대방이나 자신에게 육체적인 고통을 주고받는 것으로 성적 쾌감을 느끼는 것으로 영어로는 'SM'이라고 한다.

19 三陪女 술집접대부, 호스티스

A 知道北京的'天上人间'夜总会吗?
Zhīdao Běijīng de Tiānshàngrénjiān yèzǒnghuì ma?

B 不知道。怎么了?
Bùzhīdao。Zěnme le?

A 听说那儿的三陪女都是貌若天仙, 而且文化素质都很高。
Tīngshuō nàr de sānpéinǚ dōu shì màoruòtiānxiān, érqiě wénhuà sùzhì dōu hěn gāo。

B 上班时间瞎想什么呢?
Shàngbān shíjiān xiā xiǎng shénme ne?

A 不是, 我正看报纸上的报道呢。
Búshì, wǒ zhèng kàn bàozhǐ shang de bàodào ne。

A　너 베이징의 '천상인간'이란 나이트 아냐?

B　몰라, 왜 그래?

A　거기 호스티스들 전부 다 선녀같이 예쁘데.
게다가 교양수준도 높다고 그러더라.

B　출근 시간에 뭔 쓸데없는 생각을 하고 그래?

A　아니, 신문에서 막 본 소식이야.

관련 어휘 학습

夜总会	yèzǒnghuì	명 나이트클럽
貌若天仙	màoruòtiānxiān	선녀와 같다
素质	sùzhì	명 ①소양, 자질 ②본질 ③소질, 천성
瞎想	xiāxiǎng	동 쓸데없는 생각을 하다

| 용어해설 |

술집접대부·호스티스

옛날에는 술집에서 술시중 드는 여자를 '妓女(jìnǚ)'라고 했다. '三陪女(sānpéinǚ)'는 현대판 '妓女'인 셈이다. 처음엔 가라오케에서 '陪喝(péihē: 술 시중들기)', '陪唱(péichàng: 노래 같이 불러주기)', '陪跳(péitiào: 춤 같이 춰주기)'의 '三陪'로 시작되었는데 지금은 '陪游泳(péiyóuyǒng: 수영 같이 하기)', '陪浴(péiyù: 목욕 같이 하기)', '陪睡(péishuì: 잠자리 같이 하기)' 등 '四陪', '五陪'로 점점 항목이 들어가고 있는 추세이다. 앞으로 몇 '陪'까지 갈지는 아무도 모를 일이다.

Tip

- 베이징 최고급 나이트클럽 天上人间의 룸 전경

중국 최고급 나이트클럽 '天上人间'은 수도 베이징을 거점으로 전국 주요도시에 지사를 가지고 있는 중국 최대 규모의 나이트클럽체인점이다. 한국 나이트클럽과는 달리 즉석에서 이성을 만나는 부킹 문화는 거의 없고 한국의 룸살롱처럼 여성접대부를 고용하여 영업한다. 단, 여성접대부가 대부분 무명 모델이나 연예계 지망생 등 용모가 대단히 준수한 여성들이란 것이 특징이다. 가장 싼 양주 한 병에 한국 돈 2천 위안(한국 돈 26여만 원)이상 하는 것이 대부분이고 룸 대여료 포함 여성들과 두 시간 정도 술자리를 가지는데 최소한 1만 위안(한국 돈 130여만 원)은 기본이라고 한다. 룸에 들어가지 않고 홀에서 맥주마시며 노는 것은 그리 비싸지 않으나 미모의 여성들이 접근하면 신중하게 생각하여야 한다. 자신이 마음에 들어 이야기를 하는 것이 아니라 이야기가 시작되면 그 시간부터 한 시간마다 봉사료가 붙는다. 봉사료를 낼 의향이 있다면 서로 얘기하며 즐겨도 되지만 괜히 착각하여 오랜 시간 술 마시고 떠들다보면 맥주 값 보다 훨씬 많은 봉사료를 지불해야 하는 황당한 경우를 당할 수 있다. 미모의 여성이 평범한 나에게 다가오는 데는 다 이유가 있으니 착각하지 마라.

*20 露点 은밀한 부분 노출

A 昨天网站上又发了一张芙蓉姐姐的露点照片。
Zuótiān wǎngzhàn shang yòu fā le yìzhāng Fúróng jiějie de lùdiǎn zhàopiàn。

B 是吗？这次又露什么地方了？
Shì ma? zhè cì yòu lù shénme dìfang le?

A 穿了件浅色衬衣，没戴乳罩，露出了两个豆豆。
Chuān le jiàn qiǎnsè chènyī, méi dài rǔzhào, lù chū le liǎng ge dòudòu。

B 天啊，这个人真恶心。
Tiān a, zhè ge rén zhēn ěxin。

A 어제 인터넷에서 푸롱 누나 노출사진이 또 떴어.
B 그래? 이번엔 어딜 노출했는데?
A 옅은 색 티를 입었는데 브라를 안 해서 젖꼭지가 튀어나왔대.
B 세상에. 그 여자 진짜 밥맛이다.

관련 어휘 학습

浅色	qiǎnsè	명 연한 색
衬衣	chènyī	명 속옷, 셔츠
乳罩	rǔzhào	명 브래지어

| 용어해설 |

은밀한 부분 노출

노출이 심한 옷을 입고는 무의식중에 또는 고의로 신체의 은밀한 부분을 노출시키는 것을 말한다. 여기서 '点'은 두 가지 부위를 말하는데 가슴의 유두와 음부를 말한다. 중국의 일부 연예인들도 일부로 뜨기 위해 누드 사진을 촬영하기도 하는데 주로 유두를 노출하는 방식으로 화보를 많이 찍는다고 한다.

*21 走光 노출사고

A 看昨晚的演唱会了吗?
Kàn zuówǎn de yǎnchànghuì le ma?

B 看了。怎么了?
Kàn le。Zěnme le?

A 那个女歌手跳舞时动作过猛, 裙底走光了。
Nà ge nǚ gēshǒu tiàowǔ shí dòngzuò guò měng, qúndǐ zǒuguāng le。

B 你怎么净往人家那儿看啊。不正经。
Nǐ zěnme jìng wǎng rénjiā nàr kàn a。Bú zhèngjīng。

A 어제 저녁 콘서트 봤니?
B 봤어. 왜?
A 그 여자가수 춤출 때 동작이 너무 격렬해서 치마 속이 다 들어났잖아.
B 너는 어째 꼭 그런데만 뚫어져라 쳐다보냐? 저질이야.

관련 어휘 학습

动作	dòngzuò	명 동작, 행동
过猛	guòměng	지나치게 격렬하다
净往	jìngwǎng	그저 ~쪽으로, 오로지 ~을 향해

| 용어해설 |

노출사고
남자나 여자나 공공장소에서 실수로 은밀한 부위를 노출시킨 행위

Tip

- 파파라치가 찍은 대만 연예인 노출 폭로 잡지

① 오른쪽 위 둥근 사진 안 문구

香奶露点: 달콤한 가슴 노출
xiāngnǎilùdiǎn

② 왼쪽 큰 문구:

王怡仁泡汤走光: 왕이런의 온천탕 노출사고
Wáng Yírén pàotāng zǒuguāng

*22 花花公子 플레이보이, 날라리

A 小张真的太可怜了。
Xiǎozhāng zhēn de tài kělián le。

B 怎么了?
Zěnme le?

A 她男朋友花着她的钱, 却跟别的女孩鬼混。
Tā nánpéngyou huāzhe tā de qián, què gēn biéde nǚhái guǐhùn。

B 不会吧。她朋友看起来挺老实的啊。
Búhuì ba。Tā péngyou kàn qǐ lái tǐng lǎoshi de a。

A 什么老实! 装的。根本就是一个花花公子。
Shénme lǎoshi! zhuāng de。Gēnběn jiùshì yí ge huāhuāgōngzǐ。

A 샤오장이가 너무 불쌍해.
B 왜 그래?
A 걔 남자친구가 샤오장이 돈 다 써버리고는 오히려 다른 여자랑 붙어먹었대.
B 설마? 걔 남자친구 보기엔 되게 착해 보이던데.
A 착해 보이긴 뭐가 착해 보여? 다 쇼 한 거지. 완전히 생 날라리야.

관련 어휘 학습

可怜	kělián	형 ①가련하다, 불쌍하다 ②동정하다 ③볼품없다, 초라하다
鬼混	guǐhùn	동 ①빈둥거리다 ②정당치 못한 생활을 하다 ③몰래 하다
老实	lǎoshi	형 ①솔직하다, 정직하다 ②온순하다, 얌전하다
根本	gēnběn	명 근본, 기초 부 본래, 근본적으로, 완전히

| 용어해설 |

플레이보이, 날라리

한국에서는 여자를 밝히고 좋아하는 전형적인 바람둥이를 영어에서 온 '플레이보이'라고 하고 속어로는 '날라리'라고 한다. 또한 여자의 환심을 사 금전적으로 사기를 치는 직업(?) 남성을 '제비'라고 한다. 중국어에서는 이런 구체적 구분은 없고 일반적으로 '花花公子(huāhuāgōngzǐ)'고 한다. '花心大萝卜(huāxīndàluóbo)'라고도 한다.

젊은이들 사이에서는 플레이보이를 '莎士比亚先生(Mr. 셰익스피어)'이라고 하는데 이는 '杀死×呀(shāsǐbīya)'의 발음이 '莎士比亚(shāshìbǐyà)'와 거의 같기 때문에 만들어 낸 말장난이다. 뜻은 '杀死(shāsǐ: 죽여버린다) ×(bī:여성의 성기)呀!' 너무 천박하지만 중국어 동음의 특징을 살린 유머다.

*23 马子 엔조이 파트너

Ⓐ 哥们, 昨天和你一起的那个女孩是谁啊? 挺性感的。
Gēmen, zuótiān he nǐ yìqǐ de nà ge nǚhái shì shéi a? tǐng xìnggǎn de。

Ⓑ 她呀, 是我泡的一个马子。怎么样?
Tā ya, shì wǒ pāo de yī ge mǎzi。zénmeyàng?

Ⓐ 不错。有味道。什么时候借我用用?
Búcuò。Yǒuwèidao。Shénme shíhou jiè wǒ yòngyong?

Ⓑ 去你的吧。做梦。
Qù nǐ de ba。zuòmèng。

A 친구야, 어제 너랑 같이 있던 그 여자 누구냐? 되게 섹시하던데.
B 걔? 내가 어제 데리고 놀았던 앤데. 어떻데?
A 좋던데, 매력 있더라. 언제 나한테 한 번 빌려줄래?
B 웃기지마, 꿈 깨라.

관련 어휘 학습

哥们	gēmen	명 친구, 단짝, 형제
		베이징을 비롯한 북방지역 남자들 사이에서 친근하게 부르는 말
性感	xìnggǎn	명 성적 매력, 육감 동 섹시하다, 육감적이다

| 용어해설 |

엔조이 파트너

여자 친구와는 다른 개념이다. 여자 친구는 진지하게 사귀고 교제 기간이 길어지면 결혼 생각도 해 볼 수 있는 상대이지만 '马子(mǎzi)'는 그냥 편하게 놀기 위한 이성 친구일 뿐이다. 그러니 당연히 결혼 여부는 고려할 필요도 없고 교제기간도 그리 길지 않다. 목적은 그저 'ENJOY'일 뿐이다.

*24 放电 눈에서 빛이 난다, 매력이 넘쳐난다

A 真不明白，为什么那么多人喜欢梁朝伟？
Zhēn bù míngbai, wèishénme nàme duō rén xǐhuan Liáng Cháowěi?

B 你不觉得他的眼睛会放电吗？
Nǐ bù juéde tā de yǎnjing huì fàngdiàn ma?

A 没觉得。我觉得牛的眼睛比他的更大、更亮。
Méijuéde。Wǒ juéde niú de yǎnjing bǐ tā de gèng dà, gèng liang。

B 你真是一个木头。
Nǐ zhēn shì yí ge mùtou。

A 정말 이해가 안 돼, 왜 사람들이 양조위를 그렇게 좋아하지?
B 너는 양조위 눈에서 빛이 나는 걸 못 느끼겠니?
A 못 느끼겠는데. 나는 소 눈이 양조위 눈 보다 더 크고 더 빛나던데.
B 넌 진짜 감정이 없는 애다.

관련 어휘 학습

木头	mùtou	명 ①나무, 목재 ②나무 조각

| 용어해설 |

눈에서 빛이 난다. 매력이 넘쳐난다

눈이 아주 매력적이며 상대방을 유혹하는 듯 빛을 발하는 것을 '放电(fàngdiàn)'이라고 한다. 중화권에서 눈이 가장 매력적인 배우로는 홍콩배우 '梁朝伟(Liáng Cháowěi)'를 꼽는다. '李安(Lǐ ān)' 감독의 영화 '색·계(色: Sè·戒: Jiè)'에서 친일 괴뢰정권의 비밀 정보기관 핵심 책임자 易先生(Yì xiānsheng) 역할을 맡아 자신을 암살하려는 '王佳芝(Wáng Jiāzhī)' 역할을 한 '汤唯(Tāng Wéi)'와 최고의 연기력을 선 보였다.

*25 3P 셋이서 함께 섹스를 - 쓰리섬

A 两位小姐，周末有什么打算？
Liǎngwèi xiǎojie, zhōumò yǒu shénme dǎsuan?

B 没有啊。
Méiyou a。

A 要不，一起去我家玩玩？
Yàobù, yìqǐ qù wǒ jiā wánwan?

B 你家有什么好玩的？
Nǐ jiā yǒu shénme hǎo wán de?

A 一起玩3P啊。很爽的。
Yìqǐ wán 3P a。hěn shuǎng de。

B 滚。就你那小身材，小心累死你。
Gǔn。Jiù nǐ nà xiǎo shēncái, xiǎoxīn lèisǐ nǐ。

A　두 아가씨, 주말에 무슨 계획 있어요?
B　없어요.
A　그렇담 우리 집에 가서 놀래요?
B　당신 집에 뭐 재미있는 게 있는데요?
A　쓰리섬이나 같이 즐기죠. 기분 죽여줘요.
B　웃기고 있네. 체격도 작은데 힘쓰다 죽지나 마요.

| 용어해설 |

셋이서 함께 섹스를 - 쓰리섬

세 명이 같이 섹스를 즐기는 것을 3P라고 한다. 3명 이상이서 하는 그룹섹스는 '群交(qúnjiāo)'라고 한다. 서구 문물을 급속히 받아들이고 경제가 발달해 부유해지면 사람들은 쾌락을 추구하기 시작한다고 한다. 중국도 최근 몇 년간 주로 부유층에서 3P나 그룹섹스를 하는 사람들이 점점 늘어나고 있는 추세이다. 주로 성매매에 의한 매춘부들과의 3P나 그룹섹스가 대부분인데 사회주의 국가인 중국에서 매매춘은 크게 성업하고 있고 사회문제를 일으키고 있는 실정이다. 자본주의를 받아들이면서 경제는 발달했지만 도덕성은 점점 땅에 떨어져 가고 있다. 먹고 살만하면 색(色)을 밝히는 것이 인간의 본능이자 한계인가 보다.

*26 电灯泡 사랑의 방해꾼

A 明天一起去逛街吧。
Míngtiān yìqǐ qù guàngjiē ba。

B 你不是和你男朋友一起去吗?
Nǐ búshì he nǐ nánpéngyou yìqǐ qù ma?

A 你也一起去不是更热闹吗?
Nǐ yě yìqǐ qù búshì gèng rènao ma?

B 拉倒吧。我才不当电灯泡呢。
Lādǎo ba。Wǒ cái bù dāng diàndēngpào ne。

A 내일 같이 쇼핑가자.
B 네 남자 친구랑 같이 가기로 한 거 아냐?
A 너도 같이 가면 더 재미있을 거 아냐?
B 그만해라. 난 방해꾼 되기 싫다.

관련 어휘 학습

逛街	guàngjiē	동 거리를 거닐다, 거리 구경을 하다, 쇼핑하다
热闹	rènao	형 ①번화하다, 왁자지껄하다
		②즐겁게 하다, 떠들썩하게 놀다

| 용어해설 |

사랑의 방해꾼

남녀가 단 둘이서 오붓하게 데이트를 하려고하면 분위기 파악 못하고 꼭 끼는 사람이 있다. 특히 음침한 장소에서 은밀한 신체접촉을 하려고 할 때 불을 확 밝히며 분위기를 깨는 경우도 있는데 이에 비유하여 사랑의 방해꾼을 전구(电灯泡: diàndēngpào)라고 부른다.

*27 钢管舞 봉춤

A 听说她最近在学习钢管舞。
Tīngshuō tā zuìjìn zài xuéxi gāngguǎnwǔ。

B 不会吧? 那不是色情场所才跳的吗?
Bú huì ba? Nà búshì sèqíng chǎngsuǒ cái tiào de ma?

A 老土了吧! 人家这是新时尚, 很多公司白领都在学。
Lǎo tǔ le ba! rénjiā zhè shì xīn shíshàng, hěn duō gōngsī báilǐng dōu z ài xué。

B 可能是我老了吧。接受不了。
Kěnéng shì wǒ lǎo le ba。Jiēshòu bu liǎo。

A 요즘 그 여자 애가 봉 춤을 배운데.
B 설마? 봉 춤은 퇴폐영업소에서나 하는 거 아냐?
A 촌스럽긴! 이게 최신 유행이래. 회사 다니는 직장인들도 많이 배운다더라.
B 내가 늙었나보다. 난 이해가 안 된다.

관련 어휘 학습

新时尚	xīnshíshàng	명 최신 유행, 요즘 풍조
白领	báilǐng	명 정신노동자, 화이트 컬러

| 용어해설 |

봉 춤

사람들은 '봉 춤' 하면 성인클럽에서 댄서들이 봉을 잡고 매달려 뇌쇄적인 포즈를 취하며 옷을 하나씩 벗어대는 퇴폐적인 춤을 연상한다. 하지만 원래는 그렇지 않았다. 예전에 미국의 건축현장에서 노동자들이 일을 하다 쉴 때 쇠파이프를 들고 춤추고 노래한 데에서 그 유래를 찾을 수 있다. 요즘 한국의 헬스클럽에서는 봉 춤을 전통 요가와 접목시켜 몸매 관리를 하는 새로운 유행으로 자리잡아 가고 있다. 중국의 연예 프로그램에서도 섹시한 연예인들이 나와 봉 춤을 선보이고 휘트니스 센터에서 봉 춤으로 유연성과 몸매관리를 하는 프로그램이 유행하고 있다고 한다.

Tip

- 콘서트에서 봉춤을 추는 대만 최고의 여가수 CoCo Lee

- 베이징에서 개최된 전국 봉춤 대회

*28 梦中情人 꿈속의 연인, 이상형

A 那个演员真恶心。
Nà ge yǎnyuán zhēn ěxin。

B 闭嘴!
Bìzuǐ!

A 怎么了?
Zěnme le?

B 她可是我的梦中情人。
Tā kěshì wǒ de mèng zhōng qíngrén。

A 我吐。
Wǒ tù。

A 그 배우 정말 '웩'이더라.
B 닥쳐!
A 왜 그래?
B 그 여자 배우는 내 이상형이란 말이야.
A 웩!

Tip

- **중국에서 '情'의 의미**

동양제과의 오리온 초코파이가 중국에서 '好丽友'라는 이름으로 파이 업계 부동의 1위를 고수하고 있다. 하지만 중국광고와 제품 포장에는 '情'이란 단어를 전혀 쓰지 않는다. 중국에서는 '情'의 개념이 '色情'이라는 성적인 느낌을 내포하고 있기 때문이다. 그래서 배우자 이외의 애인을 가리킬 때 '情人'이라고 한다. 우리식 애인은 '恋人'이라고 한다. 하지만 '밸런타인 데이'는 또 '情人节'라고 한다. 그러니 잘 구분하여 써야 한다.

| 용어해설 |

꿈속의 연인, 이상형

너무 너무 좋아해서 꿈에서도 그리는 이상형을 '梦中情人(mèng zhōng qíngrén)'이라고 한다. '梦中偶像(mèng zhōng ǒuxiàng)'이라고도 한다.

Tip

- 오리온 초코파이의 중국 현지마케팅 사례

[한국 오리온의 '情' 컨셉 포장]

[중국 오리온의 '仁' 컨셉 포장]

*29 老姑娘 노처녀

A 小王，怎么还不找男朋友啊？
Xiǎowáng, zěnme hái bù zhǎo nánpéngyou a?

B 没合适的啊。
Méi héshì de a。

A 你觉得我合适不合适啊？
Nǐ juéde wǒ héshì bu héshì a?

B 你死了那条心吧。我就是一辈子当老姑娘，也轮不到你。
Nǐ sǐ le nà tiáo xīn ba。Wǒ jiù shì yíbèizi dāng lǎogūniang, yě lún bú dào nǐ。

A 샤오왕, 왜 아직도 남자 친구가 없는 거니?
B 마음에 드는 사람이 없어.
A 그럼 난 너한테 어울리니?
B 포기하지 그래. 내가 평생 노처녀로 살지언정 너하곤 안 해.

관련 어휘 학습

死心	sǐxīn	동 ①단념하다 ②마음을 확실히 정하다
一辈子	yíbèizi	명 한평생, 일생
轮	lún	동 차례가 되다

| 용어해설 |

노처녀

상하이(上海)를 중심으로 경제가 발달한 일부 연안지역에서는 여성들의 만혼(晩婚) 현상이 점점 늘어가고 있다. 여성들의 경제능력이 강해지면서 조금 더 경제적 안정을 찾은 뒤에 나이가 많아도 경제적 능력이 뛰어난 남성과 결혼하는 것이 현대 중국 여성의 취향이라고 한다. 상하이에서는 연봉 10만 위안(元) 이상을 받는 40세 이상의 남성이 결혼 상대자로 가장 인기가 좋다고 한다. 전통적으로 조혼(早婚)이 유행이던 중국에서도 이제는 노처녀가 보편화 되고 있다. 하지만 한국과 마찬가지로 노처녀에게 '노처녀'란 표현을 쓰지 않는 것이 예의이다.

*30 婚纱照 웨딩 사진

Ⓐ 看看我们的婚纱照吧。
Kànkan wǒmen de hūnshāzhào ba。

Ⓑ 哇，真的好漂亮啊。不过，我怎么看着不像你啊。
Wā, zhēn de hǎo piàoliang a。Búguò, wǒ zěnme kànzhe bú xiàng nǐ a。

Ⓐ 你是夸我呢，还是骂我呢？
Nǐ shì kuā wǒ ne, háishì mà wǒ ne?

A 우리 결혼사진 좀 봐봐.
B 우와, 정말 예쁘다. 근데 아무리 봐도 너 같지 않다.
A 너 지금 칭찬하는 거니 아님 욕 하는 거니?

관련 어휘 학습

夸	kuā	동 ①과장하다 ②칭찬하다
骂	mà	동 ①욕하다 ② 꾸짖다, 질책하다
婚纱	hūnshā	웨딩드레스
是A，还是B	shì A, háishì B	A인지 B인지(선택을 물음)

| 용어해설 |

웨딩 사진

중국에서도 결혼 전에 예쁜 웨딩 사진 찍는 것이 대유행이다. 주로 웨딩드레스와 턱시도를 입고 찍고, 서양식 드레스와 전통 치파오를 입고 찍는 것이 보편화 되었다. 웨딩 사진도 유행을 따르는데 타이완(臺灣)에서는 일본 기모노를 입고 찍는 것이 유행인데 반해 중국 대륙에서는 반일감정으로 그리 유행하지는 않는다. 오히려 한류(韓流)열풍으로 대장금(大長今) 스타일의 한복을 입고 찍는 것이 유행이라고 한다. 그 중에서도 이영애의 수라간 한복이 가장 인기라고 한다. 최근 들어 누드 웨딩 사진 찍는 것도 유행이다. 가장 행복하고 아름다운 시절의 몸을 영원히 기록하고 싶다는 이유로 점점 인기이다.

Tip

- 중국에서 유행하는 다양한 웨딩 사진

[중국 전통 스타일]

[일본 기모노 스타일]

[한복 스타일]

[누드 스타일]

*31 性冷淡 불감증, 섹스리스

A 老王，你们多长时间做一次爱啊？
Lǎo Wáng, nǐmen duōcháng shíjiān zuò yīcì ài a?

B 都这么大岁数了，谁还想这些乱七八糟的事。
Dōu zhème dà suìshu le, shéi hái xiǎng zhè xiē luànqībāzāo de shì。

A 四十岁还老啊？你不是性冷淡吧？
Sì shí suì hái lǎo a? Nǐ búshì xìng lěngdàn ba?

B 滚！你才性冷淡呢！
Gǔn! nǐ cái xìng lěngdàn ne!

A 라오왕, 너희는 얼마 만에 한 번씩 섹스하니?
B 지금 나이가 몇 살인데 그 딴 짓을 아직도 하니?
A 40살이 벌써 늙은 거니? 너 설마 불감증 아니니?
B 꺼져, 네가 불감증이다.

Tip

- **'시간'을 표현하는 법**

'時間'은 중국어에서 구체적인 시간으로 쓰이지 않고 추상적인 시간으로 쓰인다. 예를 들어, ①"从首尔到马山需要多长时间?(서울에서 마산까지 시간이 얼마나 걸리나요?)", ②"你有时间吗?(시간 있으십니까?)"이다. 단, ①의 대답이 "다섯 시간이요"라면 '五个时间'이 아니고 '小时'를 써서 '五个小时'라고 대답해야 한다. 또한 '네 시간 반'이라면 우리말 어순대로 '四个小时半'이라고 하면 안 되고 '四个半小时(네 개 반 시간)'이라고 해야 한다. 한국인들이 대단히 많이 틀리는 표현이니 주의해야 한다.

| 용어해설 |

불감증, 섹스리스

생리적 원인, 또는 심리적 원인으로 섹스에 무관심한 것, 또는 오랜 기간 성관계를 하지 않는 것을 '性冷淡(xìng lěngdàn)'이라고 한다. '阴冷(yīnlěng)'이라고도 한다.

*32 壮阳 정력보강

A 最近我老是手脚冰凉。
Zuìjìn wǒ lǎo shì shǒujiǎo bīngliáng。

B 是吗? 你今年多大?
Shì ma? Nǐ jīnnián duōdà?

A 四十岁。怎么, 这和年龄有什么关系?
Sì shí suì。Zěnme, zhè he niánlíng yǒu shénme guānxi?

B 你啊, 赶紧买点壮阳药补补吧。要不, 老婆就该跟别人跑了。
Nǐ a, gǎnjǐn mǎi diǎn zhuàngyángyào bǔbǔ ba。Yàobù, lǎopo jiù gāi gēn biéren pǎo le。

A 你小子懂得倒不少啊。
Nǐ xiǎozi dǒng de dǎo bu shǎo a。

A 요즘 늘 손발이 너무 차.
B 그래? 너 올해 나이가 몇인데?
A 마흔. 왜? 이거랑 나이랑 무슨 관계가 있니?
B 너 말이지, 빨리 가서 정력제 좀 사먹고 몸 좀 보해라.
안 그러면 네 마누라 다른 놈이랑 바람난다.
A 하여튼 이 자식은 아는 것도 많아요.

관련 어휘 학습

年龄	niánlíng	명 연령, 나이
冰凉	bīngliáng	형 매우 차다, 차디차다
赶紧	gǎnjǐn	부 서둘러, 급히
补	bǔ	동 ①보수하다 ②보충하다 ③공백을 채우다

| 용어해설 |

정력보강

'壮(zhuàng)'은 강해진다, '阳(yáng)'은 남자의 '阳气((yángqì)'를 가리키는 말로 각종 정력제를 복용하여 자신의 성적인 능력을 보강하는 것을 말한다.

광고 카피 해설 1

- 미국 비아그라 광고

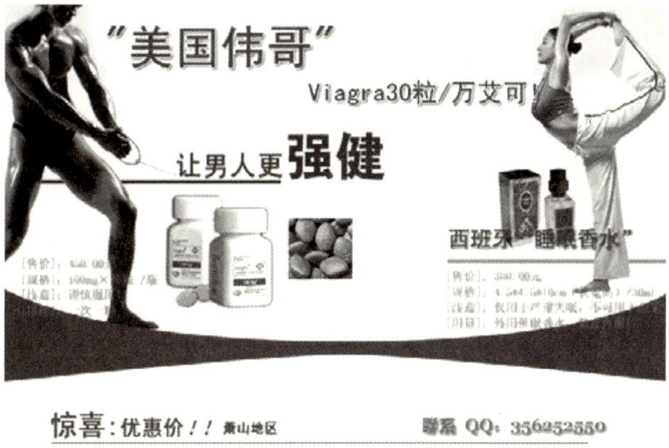

비아그라를 중국어로 '伟哥(wéigē: 위대한 형님)' 또는 '威而钢(wēiérgāng)'이라고 한다.

美国伟哥(Měiguówéigē): 미국 비아그라
让男人更强健(Ràng nánren gèng qiángjiàn): 남자를 더욱 강하게 합니다.

광고 카피 해설 2

- 중국 정력제 '勃久久' 광고

'勃(bó)'는 '발기(勃起)'의 의미이다. 즉, '오랫동안(久久) 발기(勃)할 수 있다.'는 뜻이다.

*33 戴绿帽子 아내가 바람났다

A 听说昨天一个男的在家把妻子杀了。
Tīngshuō zuótiān yí ge nánde zài jiā bǎ qīzi shā le。

B 是吗？为什么？
Shì ma? Wèishénme?

A 那女的和别的男人乱搞。
Nà nǚ de hé biéde nánrén luàngǎo。

B 也难怪。被自己妻子给戴了一顶绿帽子，谁都受不了。
Yě nánguài。bèi zìjǐ qīzi géi dài le yì dǐng lǜ màozi, shéi dōu shòu bu liǎo。

A 어제 어떤 남자가 집에서 마누라를 죽였다 그러더라.
B 그래? 왜?
A 그 여자가 다른 남자랑 놀아났대.
B 그럼 그렇지. 지 마누라가 바람이 났는데 참을 사람 없지.

관련 어휘 학습

乱搞	luàngǎo	동 ①아무렇게나 하다 ②혼외의 성관계를 갖다
难怪	nánguài	부 과연, 어쩐지, 그러기에

| 용어해설 |

아내가 바람났다

결혼한 아내가 다른 남자와 바람을 피울 경우 그 남편을 보고 '녹색 모자를 썼다(戴绿帽子: dài lǜ màozi)'라고 한다. 남성이 바람을 피웠을 경우 여성에게는 이 표현을 쓰지 않는다. 이는 거북의 머리가 짙은 녹색을 띠고 있고 조금만 위협을 느껴도 머리를 몸통으로 집어넣고 나오지 않아 바람난 아내를 둔 못난 남편의 형상을 그대로 묘사한다는 속설이 있다. 또한 한대(漢代)에는 녹색 두건은 아랫사람의 표시였고 명·청대(明·靑代)에는 조정이 명확한 규정을 내려 기녀집에서 시중드는 남자 종들은 반드시 녹색두건을 쓰게 하여 다른 남자들과 구별하였다고 한다. 그래서 중국인들은 한국유학생들이 녹색 모자를 쓰고 다니는 것을 아주 의아스럽게 생각한다.

*34 阳萎 발기 부전, 임포텐츠

A 晚上一起去找个小姐玩玩, 怎么样?
Wǎnshang yìqǐ qù zhǎo ge xiǎojie wánwan, zěnmeyàng?

B 不想去。没意思。
Bùxiǎng qù。Méi yìsi。

A 怎么, 阳萎了?
Zěnme, yángwěi le?

B 去你的, 你才阳萎了。
Qù nǐ de, nǐ cái yángwěi le。

A 저녁에 아가씨 불러서 놀러 가자. 어때?
B 가기 싫어. 재미없다.
A 왜 그래? 발기부전이냐?
B 이 씨. 네가 발기부전이다.

Tip

- **"우리 집에 놀러오세요."의 중국어 표현**

한국인들은 친해지면 "시간 날 때 우리 집에 놀러오세요.", 또는 "다음에 놀러 갈게요."라는 표현을 많이 쓴다. 그래서 이 말을 직역하여 "你有时间的时候来我家一起玩玩", "下次我去你家玩玩"이라고 한다. 근데 중국인들은 이런 표현을 잘 안 쓴다. 또한 "논다(玩)"는 성적인 의미를 나타내는 경우가 많다. 그래서 중국인들은 "有空来坐坐" 또는 좀 더 정중하게 "欢迎你到我家做客"라는 표현을 쓴다.

| 용어해설 |

발기 부전, 임포텐츠

남성의 생식기가 발기가 안 되는 것을 말한다. 이전에 사극 '왕과 나'가 인기리에 방영되었다. 극 중 내시가 되기 위해 '양물(陽物)'을 잘라낸다는 말이 많이 나오는데 '阳'이 바로 남성의 생식기를 나타내고 '萎'는 위축된다는 의미이다.

*35 色狼 치한

A 昨天快气死我了。
Zuótiān kuài qìsǐ wǒ le。

B 怎么了?
Zěnme le?

A 昨天坐公共汽车, 一个色狼老用他的小弟弟蹭我。
Zuótiān zuò gōnggòngqìchē, yí ge sèláng lǎo yòng tā de xiǎodìdi cèng wǒ。

B 是吗? 看来你挺有魅力的啊。
Shì ma? kànlái nǐ tǐng yǒu mèilì de a。

A 去你的。
Qù nǐde。

A 어제 화나 죽는 줄 알았어.
B 왜 그래?
A 어제 버스를 탔는데 치한이 지 거시기를 자꾸 비벼대는 거야.
B 그래? 네가 되게 매력적으로 보였나보다.
A 이런 씨.

관련 어휘 학습

蹭	cèng	동 ①문지르다, 쓸리다 ②묻다, 묻히다
魅力	mèilì	명 매력

| 용어해설 |

치한

공공장소에서 여성에게 희롱을 하는 사람을 늑대에 비유하여 말한다.

*36 熟女 성숙녀

A 小张，你看这个女人怎么样？
Xiǎo Zhāng, nǐ kàn zhè ge nǚrén zěnmeyàng?

B 是不是稍微胖了一点儿啊？
Shìbushì shāowēi pàng le yì diǎnr a?

A 你真没眼光！这叫熟女，这样的女人才有味道。
Nǐ zhēn méi yǎnguāng! Zhè jiào shúnǚ, zhèyàng de nǚrén cái yǒu wèidao。

B 是吗？这么说你就是熟男喽？
Shì ma? Zhème shuō nǐ jiùshì shúnán lou?

A 샤오장, 저 여자 어때?
B 좀 뚱뚱한 거 아닌가?
A 너 진짜 보는 눈이 없다. 이게 바로 성숙녀라는 거야. 이런 여자가 맛이 좋아.
B 그래? 그럼 넌 성숙남이냐?

관련 어휘 학습

稍微	shāowēi	부 조금, 약간, 다소
眼光	yǎnguāng	명 ①눈길, 시선 ②안목, 식견, 관찰력

| 용어해설 |

성숙녀

주로 성적인 매력이 넘치는 여성을 가리킬 때 쓰는 표현이다. 하지만 친한 사이에도 '熟女(shúnǚ)'는 '你很性感(Nǐ hěn xìnggǎn: 너 참 섹시하다)' 처럼 직접 대 놓고 말하지는 못한다.

*37 性骚扰 성희롱

A 小莉的头发真漂亮啊。
Xiǎolì de tóufa zhēn piàoliang a。

B 别动手动脚的, 烦人。
Bié dòngshǒudòngjiǎo de, fánrén。

A 就摸一下有什么了不起!
Jiù mō yíxià yǒu shénme liǎo bu qǐ!

B 再摸我就告你性骚扰了啊。
Zài mō wǒ jiù gào nǐ xìngsāorǎo le a。

A　샤오리는 머리가 너무 예뻐.
B　자꾸 건들지 말아요. 지겨워.
A　한 번 만져보는 게 뭐가 그리 대단하다고 그래!
B　한 번만 더 만지면 성희롱으로 고발할거예요.

관련 어휘 학습

动手动脚	dòngshǒudòngjiǎo	成 ①소란을 피우다 ②사람을 때리다 ③희롱하다
烦人	fánrén	형 귀찮다, 번거롭다 동 귀찮게 하다, 번거롭게 하다
摸	mō	동 ①어루만지다, 쓰다듬다 ②집어내다, 더듬어 꺼내다
了不起	liǎobuqǐ	형 보통이 아니다, 뛰어나다

| 용어해설 |

성희롱

남녀를 불문하고 이성에게 성적 희롱을 하는 것은 모두 다 '性骚扰(xìng sāorǎo)'라고 한다. 여성의 지위가 높아지면서 중국에서도 여성이 남성을 성희롱하는 일이 점점 많아지고 있다고 한다.

광고 카피 해설

- 성희롱 금지 공익광고

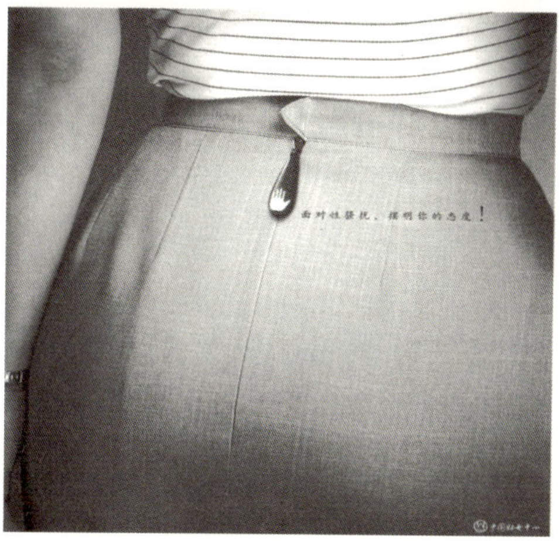

奖项 铜奖
作品号 B13-4
作品名称 面对性骚扰，摆明你的态度之上衣篇/裙子篇
广告客户 中国妇女中心
参赛单位 南京银都广告商务有限责任公司
创意总监 汪信标
创意 张云飞
文案 张云飞

面对性骚扰，摆明你的态度!
Miànduì xìng sāorǎo, bǎimíng nǐ de tàidù
: 성희롱(을 당했을 때)!

당신의 확실한 태도가 필요합니다.

*38 吃豆腐 두부를 먹는 게 성희롱?

A 我特别反感我们的办公室主任?
Wǒ tèbié fǎngǎn wǒmen de bàngōngshì zhǔrèn。

B 他怎么了? 太严厉了?
Tā zěnme le? tài yánlì le?

A 不是, 他特爱吃人豆腐。
Búshì, tā tè ài chī rén dòufu。

B 那证明他是个真男人啊。
Nà zhèngmíng tā shì ge zhēn nánren a。

A 去你的, 那是动物, 不是人。
Qù nǐ de, nà shì dòngwù, bú shì rén。

A 나 우리 사무실 주임 정말 싫어.
B 주임이 왜? 너무 엄격해?
A 아니, 그 주임 너무 집적대.
B 그건 그 사람 진짜 남자라는 증거잖아.
A 젠장. 그게 짐승이지 사람이야?

관련 어휘 학습

反感	fǎngǎn	동·동 반감(을 가지다)
严厉	yánlì	형 호되다, 매섭다
证明	zhèngmíng	동·동 증명(하다)

| 용어해설 |

두부를 먹는 게 성희롱?

신체적으로나 언어적으로 이성을 놀리고 모욕하는 것을 '吃豆腐(chī dòufu)'라고 한다.

*39 咸猪手 짭짤한 돼지 족발도 성희롱?

A 听说张柏芝曾经惨遭咸猪手袭胸。
Tīngshuō Zhāng Bǎizhī céngjīng cǎnzāo xiánzhūshǒu xí xiōng。

B 是啊，很多女演员都有过这样的经历。
Shì a, hěn duō nǚyǎnyuán dōu yǒu guo zhèyàng de jīnglì。

A 现在变态的家伙可真多啊。你也要小心啊。
Xiànzài biàntài de jiāhuǒ kě zhēn duō a。Nǐ yě yào xiǎoxīn a。

B 我又不是大明星，人家摸我干嘛。
Wǒ yòu bú shì dà mínxīng, rénjiā mō wǒ gàn ma。

A 장바이즈가 이전에 어떤 남자로부터 가슴을 몰래 만지는 희롱을 당했대.
B 맞아. 많은 여자배우들이 다 그런 경험이 있대.
A 요즘 변태 같은 놈들이 정말 많다니까. 너도 조심해.
B 내가 뭐 대스타도 아니고 내 꺼 만져서 뭐하겠니?

관련 어휘 학습

惨遭	cǎnzāo	동 참혹한 일을 당하다. 참혹하게 당하다.
袭	xí	동 습격하다. 기습하다
胸	xiōng	명 가슴, 흉부
经历	jīnglì	동 겪다, 경험하다 명 경력, 경험, 내력, 경위
变态	biàntài	명 변태

| 용어해설 |

짭짤한 돼지 족발도 성희롱?

여성이 방심하고 있을 때 슬쩍 가슴이나 엉덩이, 중요부위를 슬쩍슬쩍 만지는 남자의 손을 '咸猪手(xián zhūshǒu)'라고 한다.

광고 카피 해설

- 여성의 성(性)의식 변화를 강조한 공익광고

① 令你怀孕的，可能就是你自己
Lìng nǐ huáiyùn de, kěnéng jiùshi nǐ zìji
당신을 임신시킨 것은, 아마도 바로 당신 자신일 겁니다.

② 说服你去发生性关系的，可能就是你自己
Shuōfú nǐ qù fāshēng xìng guānxì de, kěnéng jiùshi nǐ zìji
성관계를 갖자고 당신을 설득시킨 사람은, 아마도 바로 당신 자신일 겁니다.

: 무분별한 성관계와 원치 않은 임신은 모두 상대방의 잘못이 아니라 여성 자신의 의지와 의식 문제라는 점을 강조한 공익광고이다. 즉, 여성 스스로 자신을 잘 보호해야 한다는 대만의 우수한 공익광고이다.

*40 开房 호텔로 직행

A 小姐，今天和你聊得真开心。怎么样，一起去开房吧。
Xiǎojie, jīntiān hé nǐ liáode zhēn kāixīn。Zěnmeyàng, yìqǐ qù kāifáng ba。

B 好象太快了点儿吧。
Hǎoxiàng tài kuài le diǎnr ba。

A 现代社会嘛，当然要效率效率啊。
Xiàndài shèhuì ma, dāngrán yào xiàolǜ xiàolǜ a。

B 你这样骗过多少女孩？
Nǐ zhèyang piànguo duōshao nǚhái?

A 아가씨, 오늘 대화 너무 즐거웠습니다.
어때요? 같이 호텔로 가시죠!

B 너무 빠른 거 아니에요?

A 현대 사회란 말이죠, 당연히 효율을 먼저 따져야죠.

B 이렇게 해서 그 동안 얼마나 많은 여자를 꼬셔 먹었죠?

관련 어휘 학습

效率	xiàolǜ	동 ①효율 ②능률
好象	hǎoxiàng	동 마치 …와 같다(비슷하다)
骗	piàn	동 속이다, 기만하다

| 용어해설 |

호텔로 직행

남녀의 데이트 방식 중 하나로 만나서 호텔에서 성관계 맺는 것을 말한다.

*41 黄碟 야동, 포르노

A 火车站周围怎么那么多卖黄碟的啊?
Huǒchēzhàn zhōuwéi zěnme nàme duō mài huángdié de a?

B 那儿性饥渴的人多啊。
Nàr xìngjīkě de rén duō a。

A 你应该不渴吧。老婆那么漂亮。
Nǐ yīnggāi bù kě ba。Lǎopó nàme piàoliang。

B 哈哈。不告诉你。
Hāha。Bú gàosù nǐ。

A 기차역 주변에 포르노 CD 파는 사람들이 왜 그리 많니?
B 성적으로 욕구불만인 사람들이 많거든.
A 넌 욕구불만 아니지. 마누라가 그리 예쁜데.
B 하하하, 안 가르쳐주지.

관련 어휘 학습

周围	zhōuwéi	명 주위, 사방, 둘레
饥渴	jīkě	명 기갈, 기아와 갈증
		형 배고프고 목마르다
		비유 간절한 기대

| 용어해설 |

야동, 포르노

'黄色碟片(huángsèdiépiàn)'의 약칭이다. '黄片', '毛片', 'A片'이라고도 한다. 중국어에서 '노란색(黄色)'은 '음란하다', '음란물'의 의미로 쓰인다. 음란소설은 '黄色小说', 포르노 영화는 '黄色电影' 등으로 불린다. 중국 정부에서는 "음란물"의 제작과 유통을 법적으로 철저히 금지하나 인터넷의 발달로 단속이 거의 불가능한 지경에 이르렀다. 또한 개발독재국가가 전형적으로 펼치는 '3S(Sport, Sex, Screen)정책'으로 인해 실제로는 그리 심하게 규제하는 것 같지 않다.

*42 老夫少妻 늙은 신랑+어린 신부

A 李经理他老婆看起来真年轻啊。
Lǐ jīnglǐ tā lǎopo kànqǐlái zhēn niánqīng a。

B 那是。听说比李经理小十一岁呢。
Nà shì。Tīngshuō bǐ Lǐ jīnglǐ xiǎo shí yī suì ne。

A 老牛吃嫩草啊。
Lǎoniú chī nèncǎo a。

B 怎么这么说话啊？人家那叫老夫少妻。
Zěnme zhème shuōhuà a? rénjiā nà jiào lǎofū shàoqī。

A 이 사장님 부인 보기에 되게 젊어 보이더라.
B 그러게. 이 사장님보다 11살이나 적데.
A 완전히 도둑놈이네.
B 무슨 말을 그렇게 하냐?
그런 걸 보고 늙은 신랑, 어린신부 커플이라고 하는 거야.

관련 어휘 학습

老牛吃嫩草	lǎoniú chī nèncǎo	俗 '늙은 소가 여린 풀을 먹는다'는 뜻으로 나이 많은 사람이 젊은 사람을 좋아할 때 쓰이기도 한다.

| 용어해설 |

늙은 신랑+어린 신부

나이가 많은 남성이 나이가 아주 어린 여성과 결혼하는 것을 '老夫少妻(lǎofū shàoqī)'고 한다. 중국에서 가장 유명한 '老夫少妻' 커플은 노벨물리학상을 수상한 '杨振宁(Yáng Zhènníng)'과 '翁帆(Wēng Fān)' 부부이다. 2004년 11월 5일 베이징에서 약혼식을 할 때 杨振宁은 82세, 翁帆은 28세였다. 두 사람의 나이차는 무려 54살이었다.

*43 公共汽车 막 대주는 여자, 갈보

A 这个女演员挺漂亮的啊。
Zhè ge nǚyǎnyuán tǐng piàoliang de a。

B 她呀，就是个公共汽车，这个男人下了，那个男人上。
Tā ya, jiùshì ge gōnggòngqìchē, zhè ge nánrén xià le, nà ge nánrén shàng。

A 不会吧，看起来挺清纯的啊。
Búhuì ba, kànqǐlái tǐng qīngchún de a。

B 那是演戏。就骗你这样的傻瓜的。
Nà shì yǎnxì。jiù piàn nǐ zhèyàng de shǎguā de。

A 이 여배우 정말 예쁘다.
B 그 여자 말이지 완전 갈보야.
이 남자가 내리면 저 남자가 올라타고.
A 설마? 보기엔 되게 청순해 보이는데.
B 그게 바로 연기지. 너 같은 바보를 속이는 것처럼.

관련 어휘 학습

清纯	qīngchún	형 청순하다
演戏	yǎnxì	동 ①(극을) 연기하다 ②(사실처럼) 연극하다
傻瓜	shǎguā	명 바보, 멍텅구리

| 용어해설 |

막 대주는 여자, 갈보

성생활이 문란한 여성을 가리키는 말. 더 심하게는 '破鞋(pòxié: 떨어진 신발)'라고도 한다.

44 吃软饭 셔터맨

A 小王一直没有工作，但好象很有钱啊。
Xiǎo Wáng yìzhí méiyou gōngzuò, dàn hǎoxiàng hěn yǒu qián a。

B 他呀，就是个吃软饭的。整天靠着那张脸蛋骗女人的钱。
Tā ya, jiùshi ge chī ruǎnfàn de。Zhěngtiān kàozhe nà zhāng liǎndàn piàn nǚrén de qián。

A 샤오왕은 여태껏 직업이란 걸 가져본 적이 없어.
근데 돈이 되게 많은 거 같아.

B 샤오왕이가 바로 셔터맨이잖아.
하루 종일 잘난 얼굴만 믿고 여자들 돈 뜯어 먹잖아.

관련 어휘 학습

一直	yìzhí	부 ①똑바로, 곧바로 ②계속해서, 줄곧, 내내
靠着	kàozhe	개 다가서서, 접근하여, 가까이에, 곁에
张	zhāng	양 종이·모피·책상·의자·침대 따위의 넓은 표면을 가진 것을 세는 단위
脸蛋	liǎndàn	명 ①낯, 얼굴(주로 어린이에게 사용함) ②뺨, 볼

| 용어해설 |

셔터맨

변변한 직업과 소득이 없이 여자에게 기대어 살아가는 남자. 한국에서는 일명 '셔터맨'이라 부른다. 대부분 아내가 장사를 하는데 아침, 저녁으로 셔터문을 열고 닫는 일만 한다고 해서 붙은 말이다.

*45 恐龙 얼짱, 추녀

Ⓐ 哥们，你们学校女生多不多？
Gēmen, nǐmen xuéxiào nǚshēng duō bu duō?

Ⓑ 特少。而且都是些恐龙，让人看了做噩梦。
Tè shǎo。érqiě dōu shì xiē kǒnglóng, ràng rén kàn le zuò èmèng。

A　친구들, 너희 학교에 여학생들 많으니?
B　너무 적어요. 게다가 전부 얼짱들이예요.
　　보기만 해도 악몽을 꿀 정도죠.

관련 어휘 학습

噩梦　è mèng　명 불길한 꿈, 악몽

Tip

일반적으로 못 생긴 여자를 '丑女(chǒunǚ)'라고 한다. '공룡'은 못 생긴 정도가 심한 여자를 칭하는 말이다. 한국영화 '미녀는 괴로워'의 중국어 제목은 '丑女大翻身(Chǒunǚ dà fānshēn: 추녀의 대변신)이라고 지었다. 중국에서도 큰 인기를 끌었다.

| 용어해설 |

얼짱, 추녀

얼굴이 너무 너무 못생긴 여자를 '공룡'이라고 표현한다.

*46 例假 생리하다

A 小王，你怎么了？
Xiǎo Wáng, nǐ zěnme le?

B 我不太舒服。
Wǒ bú tài shūfu。

A 要不要我陪你去医院看看？
Yào bu yào wǒ péi nǐ qù yīyuàn kànkan?

B 不用。来例假了。
Búyòng。Lái lìjià le。

A 샤오왕, 너 왜 그래?
B 나 몸이 좀 안 좋아.
A 내가 병원 데리고 갈까?
B 괜찮아, 생리가 시작됐어.

관련 어휘 학습

月经	yuèjīng	명 월경, 생리
舒服	shūfu	형 (육체나 정신이) 편안하다. 상쾌하다, 쾌적하다
陪	péi	동 ①모시다, 동반하다 ②사죄하다 ③시중들다, 곁에서 도와주다

| 용어해설 |

생리하다

글말로는 한국어와 같이 '월경(月经)'이라고 한다. 매 달 한 번씩 하므로 민간에서는 '例假(lìjià)'라고 한다. 그 외에 '老朋友来了(친한 친구가 왔다)', '来红了(붉은 등 켜졌다)'라고 완곡하게 표현하고 홍콩에서는 '阿姨来了(이모가 왔다)'라고도 표현한다.

광고 카피 해설 1

• 엽기적인 중국의 생리대 관련 광고

중국인들의 과장스러움과 스케일을 살펴볼 수 있는 광고이다. 생리대가 댐에서 폭포처럼 쏟아져 나오는 물도 순식간에 흡수할 수 있다는 광고이다.

蓝色在中间，吸收一瞬间

Lánsè zài zhōngjiān, xīshoū yí shùnjiān
푸른색이 중간에 있어 순식간에 흡수합니다.

광고 카피 해설 2

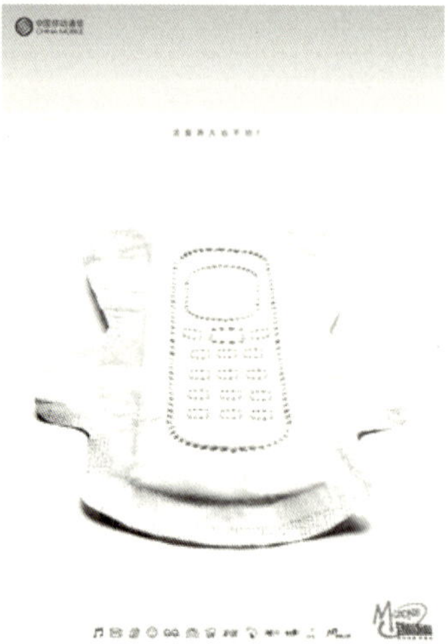

• 생리대를 활용한 중국이동통신 광고

언뜻 보면 생리대광고 같지만 사실 중국이동통신 광고이다. '流量(흐르는 양)'은 '通話量(통화량)'을 의미한다. 즉, '통화량이 아무리 많아도 중국이동통신은 원활하게 통화할 수 있다'는 것을 강조한 광고이다.
한국에서도 이런 광고가 통할 수 있을까?

流量再大也不怕!

Liúliàng zài dà yě bú pà
양이 아무리 많아도 두렵지 않아요!

*47 醋坛子 의부증 아내, 의처증 남편

A 昨天你到底跟谁一起, 怎么那么晚才回来?
Zuótiān nǐ dàodǐ gēn shéi yìqǐ, zěnme nàme wǎn cái huílái。

B 我刚才不是说过好几遍了嘛, 是陪公司的客户一起去喝酒了。
Wǒ gāngcai bú shì shuō guo hǎo jǐ biàn le ma, shì péi gōngsī de kèhù yìqǐ qù hē jiǔ le。

A 我不相信。那为什么我打你手机你关机?
Wǒ bù xiāngxìn。Nà wèishénme wǒ dǎ nǐ shǒujī nǐ guānjī?

B 手机真的没电了啊。我真让你个醋坛子烦死了。
Shǒujī zhēn de méi diàn le a。Wǒ zhēn ràng nǐ ge cùtánzi fánsǐ le。

A 어제 당신 도대체 누구랑 같이 있었어?
왜 그렇게 늦게 들어왔어?

B 내가 방금 몇 번이나 말했어, 회사 손님 모시고 같이 술 마셨다고.

A 난 못 믿겠어. 그럼 내가 휴대폰으로 전화했는데 왜 꺼 놨어?

B 정말로 휴대폰 배터리가 나갔다니까.
당신 의부증 정말 지긋지긋해.

관련 어휘 학습

到底	dàodǐ	부 ①도대체 ②마침내, 결국 ③아무래도, 역시
陪	péi	동 ①모시다, 동반하다 ②사죄하다 ③시중들다, 곁에서 도와주다
手机	shǒujī	명 휴대폰
没电	méi diàn	전지가 떨어지다, 배터리가 나가다

| 용어해설 |

의부증 아내, 의처증 남편

주로 의부증이 심한 아내를 가리키는 말이다. 지금은 의처증이 심한 남자도 '醋坛子(cùtánzi)'라고 한다.

*48 亲子鉴定 친자 감별

Ⓐ 我怎么觉得我那儿子的脾气性格都不像我啊!
Wǒ zénme juéde wǒ nà érzi de píqi xìnggé dōu búxiàng wǒ a!

Ⓑ 哈哈，会不会有什么问题？要不，你也去做个亲子鉴定？
Hāha, huì bu huì yǒu shénme wèntí? yàobù, nǐ yě qù zuò ge qīnzǐ jiàndìng。

Ⓐ 去你的，别瞎说。
Qù nǐ de。bié xiāshuō。

Ⓑ 这有什么？现在很多人都去做。
Zhè yǒu shénme? Xiànzài hěn duō rén dōu qù zuò。

A 내 생각에 내 아들 성격이 나랑 전혀 안 닮았어.
B 하하, 무슨 문제 있니? 안 그럼 너도 친자감별 받으러 가 봐.
A 젠장, 헛소리 하지 마.
B 그게 뭐 어때서? 요즘 하는 사람 되게 많아.

관련 어휘 학습

脾气	píqi	명 ①성격, 기질 ②성깔, 화를 잘 내는 성질
瞎说	xiāshuō	동 마구 지껄이다, 허튼 소리를 하다

| 용어해설 |

친자 감별

DNA 기술을 통하여 부모와 자식의 혈연관계를 확인하는 것을 '亲子鉴定(qīnzǐjiàndìng)'이라 한다. 혼외정사가 점점 늘어나는 중국에서 친자감별을 하는 사람이 매년 증가하고 있다고 한다.

*49

黄脸婆 부엌데기

A 老公，抱抱我。
Lǎogōng, bàobao wǒ。

B 去，无聊。
Qù, Wúliáo。

A 怎么？嫌我成黄脸婆了？
Zěnme? xián wǒ chéng huángliǎnpó le?

B 不是啊。我这不是在工作嘛。
Bú shì a。Zǒ zhè bú shì zài gōngzuò ma。

A 여보, 나 좀 안아줘요.
B 저리가, 실없기는.
A 왜 그래? 내가 부엌데기라 싫다는 거야?
B 아니, 나 지금 일 하잖아.

관련 어휘 학습

抱	bào	동 포옹하다 ②(자식을) 처음으로 얻다
无聊	wúliáo	형 ①심심하다, 따분하다 ②무의미하다, 시시하다 ③뻔뻔스럽다
嫌	xián	동 싫어하다, 꺼리다

| 용어해설 |

부엌데기

결혼 후에 집안일 하느라 화장이나 외모에 신경을 전혀 쓰지 않는 여성을 가리키는 말

*50 乌龟 자라새끼

A 我觉得小王挺漂亮的。
Wǒ juéde xiǎo Wáng tǐng piàoliang de。

B 漂亮是挺漂亮的。
Piàoliang shì tǐng piàoliang de。

A 我把她介绍给你做女朋友怎么样?
Wǒ bǎ tā jièshào géi nǐ zuò nǚpéngyou zěnmeyàng?

B 算了, 我觉得她有点儿轻浮, 我可不想当乌龟。
Suàn le, wǒ juéde tā yǒu diǎnr qīngfú, wǒ kě bù xiǎng dāng wūguī。

A 난 샤오왕이 정말 예쁘다고 생각해.

B 예쁘긴 되게 예쁘지.

A 내가 샤오왕 소개시켜줄게 사귀어 볼래?

B 됐어. 근데 샤오왕은 좀 경박한 거 같아.
난 자라새끼 되기 싫거든.

관련 어휘 학습

轻浮	qīngfú	형 경망스럽다, 방정맞다, 경박하다

| 용어해설 |

자라새끼

결혼한 아내가 다른 남자와 성관계를 맺었을 경우 그 남편을 '乌龟'라고 한다. '王八'라고도 한다. '王八'는 '자라'를 뜻한다. 중국 민간에는 수컷 자라가 생식 행위를 할 수 없기에 뱀 수컷의 정자를 빌어 암컷 자라에게 새끼를 낳게 한다는 속설이 있다. 즉, '다른 놈의 씨'를 쓰는 잡것이란 뜻이다. 그래서 바람난 아내를 둔 사람을 '자라'에 빗대어 욕한다고 한다. 또한, 고유의 8대 덕목(忠·孝·仁·愛·禮·義·廉·恥)을 잊어버린 근본 없는 놈이라 해서 '忘八(wàngbā)'와 같은 음을 차용하여 '王八'라 부른다고도 한다.

광고 카피 해설

• 중국 南昌의 한 주유소에 붙어 있는 욕설 금지 공고판

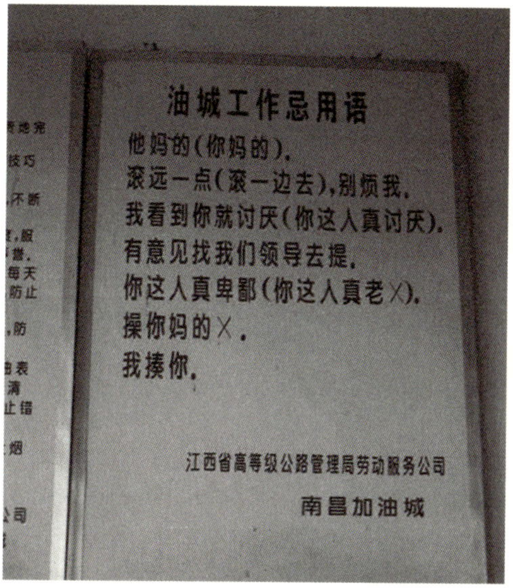

油城工作忌用语: 주유소 업무 금기 용어
Yóuchéng gōngzuò jiyòngyǔ

他妈的(你妈的): 이런 씨발 (제에미랄)
Tāmāde(Nǐmāde)

滚远一点(滚一边去), 别烦我: 귀찮게 하지 말고 저리 꺼져버려.
Gǔn yuǎn yì diǎn(Gǔn yìbian qù), bié fán wǒ

我看到你就讨厌(你这人真讨厌): 너만 보면 난 정말 기분이 나빠져.
Wǒ kàn daò nǐ jiù tǎoyàn(Nǐ zhè rén zhēn tǎoyàn)

有意见找我们领导去提: 불만 있으면 우리 사장한테 가서 얘기해요.
Yǒu yìjiàn zhǎo wǒmen lǐngdǎo qù tí

你这人真卑鄙(你这人真老X): 너 진짜 치사하고 더럽다.
Nǐ zhè rén zhēn bēibǐ(Nǐ zhè rén zhēn lǎo bī)

操你妈的X: 니네 에미 씹이다.
Cào nǐ mā de bī

我揍你: 확 패 버린다.
Wǒ zòu nǐ

Tip

중국인이 자주 쓰는 욕설 표현

1. 他妈的(tāmāde)

중국의 대문호 노신(鲁迅)은 자신의 글에서 '他妈的'를 중국의 국가공식욕(国骂)이라고 했을 정도로 중국인들에게 가장 보편화된 욕이다. 그의 해석에 따르면 이 말의 원래 뜻은 "我与你母亲发生性关係(Wǒ yǔ nǐ mǔqīn fāshēng xìng guānxi: 나 당신 어머니랑 성관계를 가졌어)"라는 의미를 지니고 있다고 한다. 한고조(汉高祖) 유방(刘邦)이 제일 먼저 사용했다고 하니, 그 역사가 2,000년이 훨씬 넘는다. 사전적 의미 그대로 해석하면 "그의 어머니의 것"이다. 즉, 우리욕의 "네 에미랑 붙어먹을", 경상도는 "니기미" 이런 식이다.

그럼 상당히 심각한 욕이냐? 꼭 그렇지는 않다. 전통적인 가치관에 따른다면, 이 욕은 상대방에게 엄청난 모욕을 주는 것이나 이제는 중국인이 하도 많이 쓰는 욕이다 보니 이제는 욕을 넘어 혼자 짜증나고 화날 때 쓰는 감탄사로 더 많이 쓰인다. 한국서 출판되는 책이나 영화에는 대부분 "제기랄", "젠장"이라고 번역한다. 근데 요즘 젊은 사람들 욕할 때 솔직히 "어머~ 제기랄", "이런~ 젠장"이라고 하지는 않는다. 특히, 남자들은 대부분 "아이~씨발", "에이~ 씨" 그런다. '他妈的'는 "씨발", "에이~씨"등과 의미가 가장 부합한다. 그리고 우리가 상대한테 욕을 안 하더라도 혼자서 "씨발~궁시렁 궁시렁" 하는 것처럼 중국인도 열 받으면 혼자 "他妈的~궁시렁궁시렁" 한다. 그래서 이 때 '他妈的'는 상대방을 비난하는 직접적인 욕이라기보다는 바로 자신의 화를 말로써 풀고 감정을 억제해주는 탈출구 역할도 한다. 또한 욕이란 게 순기능적 역할도 하는데 주로 친근함을 표하기 위해 허물없는 친구사이에 자주 쓰이며 두 사람 사이가 가깝다는 것을 표현한다.

그럼 위에서 설명한 '他妈的'의 여러 가지 예를 배워보자.

scene 1. 길가다 개똥을 밟았다.

① **他妈的, 真倒霉, 谁家的狗呀!**

Tāmāde, zhēn dǎoméi, shéi jiā de gǒu ya

젠장 진짜 재수 없어. 어느 집 개야!

이 때 '真'을 '졸라'로 표현하면 "이런 씨발. 졸라 재수 없어, 어느 집 개새끼야!"로 쓸 수도 있다.

scene 2. 가다가 또 개똥을 밟았다.

② 真他妈的丢脸!
Zhēn tāmāde dīuliǎn
이런 씨발 쪽 팔려 죽겠네!

scene 3. 너무나 예쁜 여자가 지나가자

③ 哇塞, 你看对面的那女孩, 真他妈漂亮 !
Wāsài, nǐ kàn duìmiàn de nà nǚhái, zhēn tāmā piàoliang
오 예, 저기 앞에 여자애 좀 봐, 졸라 예쁘네.

scene 4. 이승엽이 연타석 홈런을 쳤다.

④ 真他妈牛X呀 !
Zhēn tāmā niúbī ya
우와 씨~ 진짜 잘 하네!

scene 5. 친한 친구를 오랜만에 만났을 때 너무 반가 와서

⑤ 哇, 操 ! 你这个人真他妈的好久不见了 !
Wā cào ! Nǐ zhè ge rén zhēn tāmāde hǎo jiǔ bú jiàn le
너 씨발 졸라 오랜만이야!

2. 操(cào)

영어권 사람들은 열 받으면 'fuck'이란 욕을 자주 쓴다. 이 '操'가 딱 'fuck'이란 뜻이다. 근데 '操'가 단독으로 쓰이면 그냥 '에이 씨', '젠장', '씨발'이런 뜻이다. 중국인들이'他妈的' 만큼이나 많이 쓰는 욕이다.

① 哇, 操 !
Wā, cào
아이, 씨 !

중국서 택시를 탔을 때 참 많이 듣는 욕이다. 맘대로 차가 끼어들거나 자전거가 확 끼어들면 중국 기사들은 습관적으로 '哇, 操 !'가 그냥 나온다.

② 操你妈(的)! Cào nǐ mā(de)!
操你奶奶(的)! Cào nǐ nǎinai(de)!
操你祖宗! Cào nǐ zǔzōng
操你妈的祖宗十八代! Cào nǐ mā de zǔzōng shí bā dài

이건 혼자 쓸 때는 그냥 "에이 씨", "이런 씨발!" 인데 다른 사람한테 대 놓고 쓰면 상당히 심각한 욕이다. 직역하면 "네미 씹, 네 할머니, 조상, 18대 조상 거시기를 쑤셔 버릴거야!"이다. 유교문화의 근원지에 사는 중국인들에게 가장 심한 욕은 바로 자기 조상과 가족을 욕하는 것이다. 그러니 어머니, 할머니 심지어 조상 18대까지 들먹이는 건 사람에게 최고의 모욕감을 주는 엄청난 욕이다. 꼭 써야 할 경우가 있더라도 매우 주의하고 써야 한다.

3. X(bī)

여자의 생식기를 저속하게 부르는 말로 우리말로는 '씹'에 해당한다. 사람의 몸을 나타내는 '尸'와 구멍 '穴'자를 써서 'bī' 라고 읽는다. 중국어는 뜻글자이므로 글자 생긴 자체가 너무 노골적이라 요즘 인쇄매체에서는 알파벳 'X'로 대체해서 많이 쓴다.

① 马×(mǎbī): 말의 생식기이고 이 외에 '傻X(shǎbī)'도 있는데 '멍청한 거시기'란 뜻이다. 단독으로 쓰면 둘 다 우리말로 "씨발년", "잡년"이 된다. 그러니 여자에게 직접 썼다간 낭패 보는 수가 있다.

② 牛×(niúbī): 소의 생식기다. 단독으로 쓰면 '马X', '傻X'와 같고 특이한 점은 사물을 형용할 때 쓰이면 "정말 대단하네.", "죽이네."로 비유되어 쓰인다. '真牛X(zhēn niúbī)!'.

他唱歌唱得真牛×呀！
Tā chànggē chàng de zhēn niúbī ya
재 노래 졸라 잘 부르네

이 외에 '牛X'는 그 대단함이 지나쳐 "뻥치다, 허풍떨다"란 뜻도 있다.

他说的都是吹牛(×)！
Tā shuō de dōu shì chuī niúbī
저 사람 말하는 거 전부 뻥이야.

你吹牛(×)!
Nǐ chuī niú
뻥 까네!

4. 王八蛋(wángbādàn): 멍청한 놈, 나쁜 놈, 병신

'王八'는 '자라'를 뜻한다. 중국 민간에는 수컷 자라가 생식 행위를 할 수 없기에 뱀 수컷의 정자를 빌어 암컷 자라에게 새끼를 낳게 한다는 속설이 있다. 즉, '다른 놈의 씨'를 쓰는 잡것이란 뜻이다. 그래서 바람난 아내를 둔 사람을 '자라'에 빗대어 욕한다고 한다. 또한, 고유의 8대 덕목을 잃어버린 근본 없는 놈이라 해서 '忘八(wàngbā)'와 같은 음을 차용하여 '王八'라 부른다고도 한다. 그리고 욕설에 '蛋'이란 말을 참 많이 붙여 쓰는데 그건 왜 그럴까? '蛋'은 '알'이란 뜻이다. '알'이란 것이 분명 생명이 있는 생명체이긴 한데 부화가 안 되었으니 진실한 생명체로 보기는 뭐하고 그렇다고 미생물이라 보기도 뭐한 어정쩡한 상태라 '덜 되먹은 놈', '모자란 놈' 등을 가리킬 때쓴다. 그래서 욕에는 주로 '蛋'이 많이 붙는다. 그래서 나쁜 놈이란 뜻의 '笨蛋(bèndàn)', '混蛋(húndàn)', '坏蛋(huàidàn)', '鸡巴蛋(jībādàn)' 등은 모두 '蛋'으로 비

유한다.

중국인들이 농담으로 '王'씨에게 "你姓王吧!(Nǐ xìng Wáng ba!: 당신 성이 왕씨지요!)"라고 하는데 그건 발음이 "你姓王八(Nǐ xìng wángbā: 당신 성은 자라!)"와 비슷하기 때문이다. 이처럼 중국인들은 비슷한 음(諧音)으로 말 장난을 많이 한다. 비슷한 농담으로 또 "你吃鸡吧!(Nǐ chī jī ba: 닭 드세요)"가 있는데 발음이 "你吃鸡巴(Nǐ chī jība: 좆 드세요)"와 같고 "这是你的鸡吧!(zhè shì nǐ de jī ba: 이건 당신 닭이죠!)"도 발음이 "这是你的鸡巴!(zhè shì nǐ de jība!: 이건 당신 좆이죠!)"와 같다. 왜냐면 '鸡巴(jība)'는 남자의 성기를 나타내는 속어이기 때문이라 친한 사이에 종종 하는 농담이다.

중국의 PC 방

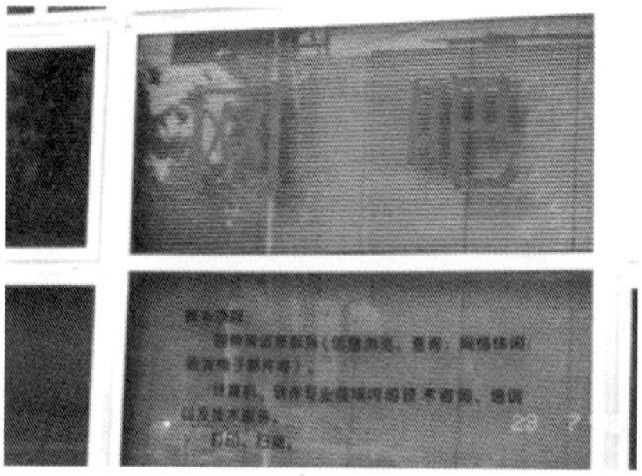

网吧(wǎngbā): 인터넷 카페, PC방
王八(wángbā)와 병음이 같다.
그래서 중국 젊은이들은 농담으로 "我喜欢网吧(Wǒ xǐhuan wǎngbā)" "난 PC 방이 좋아"를 "我喜欢王八(Wǒ xǐhuan wángbā)" "난 자라가 좋아"로 해석하며 웃곤 한다.

중국에서는 요즘 '-吧'의 상호가 대유행이다. 서점, 비디오점, 꼬치구이점의 중국 상호를 보자.

5. 傻瓜(shǎguā)

이건 우리말 '바보'와 같다. 친근감 있게 쓰기도 한다.

① 你每一次考试都得不过10分, 是不是傻瓜呀!
Nǐ meǐ yí cì kǎoshì dōu dé bú guò shífēn, shì bu shì shǎguā ya
너 매 시험마다 10점을 못 넘기는걸 보니 바보 아냐!

② 傻瓜, 不要哭啦！我依然爱你！
Shǎguā, búyào kū la! Wǒ yīrán ài nǐ
바보, 울지마! 나 여전히 널 사랑해!

이 외에도 욕은 너무나 많지만 이 정도 대표적인 욕들을 배워보는 걸로도 충분하다. 혹자는 중국어를 배울 때 욕을 가르치면 "어머나, 저질"이라고 하는 사람도 있다. 물론 욕을 배워서 나쁜데 막 써먹으라고 가르치는 게 아니다. 우리가 어릴 때 다 태권도란 걸 배운다. 태권도가 싸움 잘하라고 배우는 건 아니다. 신체 단련도 하고 상대방의 공격으로부터 자신을 보호하고 또한 자신감도 심어주기 위함이다. 마찬가지로 누가 나에게 심한 욕을 할 경우 웃기만 할 수는 없다. 어쩔 수 없이 적절한 욕으로 응대할 필요도 있다. 또한 아주 격의 없는 중국 친구를 사귀게 되면 가끔씩 쓰는 욕설이 친구 관계를 더 가깝게 해 줄 수도 있다. 그리도 더 나아가 중국소설이나 영화들에 나오는 비속어를 한국어로 생동감 있게 표현할 수도 있고 욕설을 통해 중국인들의 언어관도 알 수가 있으니 중국어 욕설과 비속어도 어느 정도는 알아두어야 한다. 그래도 실생활에서 중국인과 같이 욕하며 싸우기 싫을 때는 점잖게 이렇게 얘기하면 된다.

① 你说话文明一点, 好不好?
Nǐ shuōhuà wénmíng yìdiǎn, hǎo bu hǎo
말 좀 고상하게 할 수 없습니까?

② 你把嘴巴擦干净点儿！
Nǐ bǎ zuǐba chā gānjìng diǎnr
입 좀 깨끗이 닦으시지!

③ 你是不是在厕所吃了大便?
Nǐ shì bu shì zài cèsuǒ chī le dàbiàn
너 변소에서 똥 퍼 먹었니?

④ 你是不是用厕所的水刷过牙?
Nǐ shì bu shì yòng cèsuǒ de shuǐ shuā guò yá
너 똥물로 이 닦았냐?

근데 그래도 계속 심하게 욕을 하면 목소리 큰 사람이 이긴다고 "哇, 操! 他妈的"라고 해 보라. 그것도 외국인이 그러면 상대가 깜짝 놀라 더 이상 상대를 안 할 것이다. 이처럼 욕에 담겨져 있는 문화를 잘 알고 사용을 잘 하면 무시당하거나 낭패 보지 않을 수 있다. 또한 중국인 친구와 더욱더 허물없이 가까워지려면 적절하게 친근한 욕도 섞어 쓸 줄 알아야 한다.

단, 상황 판단은 자신이 알아서 잘 해야 한다는 점 잊지 말자.

제3부

엽기 발랄 일상생활

엽기 발랄한 중국의
최신 유행어와 동향을 누구보다
빨리 이해할 수 있다.

*01 月光族 달빛족, 버는 대로 족족 쓰는 애들

A 你打算什么时候买车啊?
Nǐ dǎsuàn shénme shíhòu mǎi chē a?

B 我哪有钱买车啊。
Wǒ nǎ yǒu qián mǎi chē a。

A 你工作了这么长时间, 怎么会没有钱呢? 钱都给小姐了?
Nǐ gōngzuò le zhème cháng shíjiān, zěnme huì méiyǒu qián ne? Qián dōu gěi xiǎojie le?

B 胡说。工作时间是不短。可是我也属于月光族, 哪有积蓄啊。
Húshuō。Gōngzuò shíjiān shì bù duǎn。Kěshì wǒ yě shǔyú yuèguāngzú, nǎ yǒu jīxù a。

A 너 언제 차 살 계획이니?

B 내가 돈이 어디 있어서 차를 사.

A 너 일 한지 그리 오래됐는데 돈이 없긴 왜 없어? 돈은 전부 아가씨들 한 테 갖다 바쳤냐?

B 쓸데없는 소리. 일 한지 오래 되긴 했지만 내가 버는 데로 족족 쓰는 스타일인데 무슨 저축한 게 있겠냐?

관련 어휘 학습

属于	shǔyú	①~(의 범위)에 속하다 ②~에 소속되다
积蓄	jīxù	동 저축하다, 축적하다 명 저축, 저금
胡说	húshuō	동 허튼소리를 하다 명 허튼소리

| 용어해설 |

달빛족, 버는 대로 족족 쓰는 애들

항상 월급을 다 써버리고 저축을 전혀 못하는 사람을 '月光族(yuèguāngzú)'라고 한다. 일반적으로 막 취업한 젊은이들이 '月光族'가 많다.

*02 房奴 집을 사면 노예가 된다?

A 小王新买的房子真大啊。我要有这样一套房子就好了。
Xiǎo Wáng xīn mǎi de fángzi zhēn da a。Wǒ yào yǒu zhèyàng yí tào fángzi jiù hǎo le。

B 有什么好的。
Yǒu shén me hǎo de。

A 房子大了当然好啊。做爱可以换很多地方, 那样才有情调啊。
Fángzi dà le dāngrán hǎo a。Zuò'ài kěyǐ huàn hěn duō dìfang, nàyàng cái yǒu qíngdiào a。

B 做什么爱! 当上房奴以后, 我烦得都快阳萎了。
Zuò shénme ài! Dāngshàng fángnú yǐhòu, wǒ fánde dōu kuài yángwěi le。

A 샤오왕이 새로 산 집 되게 크더라. 나도 이런 집 하나 있음 얼마나 좋을까!
B 좋긴 뭐가 좋아.
A 집이 크면 당연히 좋지. 섹스도 이 곳 저곳 돌아가면서 하고 얼마나 분위기 있어.
B 섹스는 무슨 섹스. 집 산다고 빌린 대출금 갚을 거 생각하면 열 받아서 서지도 않는다.

관련 어휘 학습

房子	fángzi	명 집, 건물
套	tào	양 벌, 조, 세트 명 덮개
		동 껴입다, (커버를)씌우다
情调	qíngdiào	명 분위기, 무드

| 용어해설 |

집을 사면 노예가 된다?

은행에서 거액의 대출을 받아 내 집 마련을 한 사람. 하지만 내 집 마련의 기쁨도 잠깐, 매 달 월급에서 꼬박꼬박 대출금을 갚고 나면 생활이 빠듯해 힘들게 사는 사람들을 노예 같다고 해서 '房奴 (fángnú)'라고 한다.

*03 百万‘负翁’ 마이너스(-) 백만장자

Ⓐ 小王的房子现在可以卖一百多万吧?
Xiǎo Wáng de fángzi xiànzài kěyǐ mài yìbǎi duō wàn ba?

Ⓑ 可能吧。
Kěnéng ba。

Ⓐ 这么说你也是我们中的百万富翁了?
Zhème shuō nǐ yě shì wǒmen zhōng de bǎiwàn fùwōng le?

Ⓑ 都是借银行的钱买的。我是‘百万负翁’。
Dōu shì jiè yínháng de qián mǎi de。Wǒ shì bǎiwàn fùwōng。

A 샤오왕이네 집 지금 100만 위안에 팔 수 있지?
B 그럴 거야.
A 그럼 너도 우리 중에서는 백만장자구나?
B 전부 은행에서 대출 받아 산거야. 내가 바로 마이너스 백만장자지!

관련 어휘 학습

百万富翁	bǎiwànfùwēng	백만장자
借钱	jièqián	동 ①돈을 꾸다[빌다] ②돈을 빌려주다

| 용어해설 |

마이너스(-) 백만장자

중국 성어 ‘百万富翁(bǎiwànfùwēng: 백만장자)’에 빗대어 만든 말이다. 많은 사람들이 내 집 마련을 위해 은행에서 대출을 받는데 심지어는 백만 위안까지 대출 받는 사람도 있다. 이런 사람은 백만위안 상당의 집은 있으나 진정한 백만장자가 아니고 백만 위안을 갚아야 할 사람들이므로 ‘마이너스 백만장자’라고 한다. ‘百万富翁’의 ‘富(fù)’와 마이너스란 의미의 ‘負(fù)’가 음이 같음을 재미있게 활용하였다.

*04 荤段子 음담패설, 야설

A 我真讨厌我们的科长。
Wǒ zhēn tǎoyàn wǒmen de kēzhǎng。

B 怎么了？
Zěnme le?

A 他老在办公室讲荤段子，而且一边讲一边色咪咪地看着我。
Tā lǎo zài bàngōngshì jiǎng hūnduànzǐ, érqiě yìbiān jiǎng yìbiān sèmīmī de kàn zhe wo。

B 可能是找不到女朋友，实在憋坏了。你就帮帮他吧。
Kěnéng shì zhǎo bú dào nǚpéngyou, shízài biēhuài le。Nǐ jiù bāngbang tā ba。

A 去你的。你怎么不去帮他？
Qù nǐ de。Nǐ zěnme bú qù bāng tā?

A 나 우리 과장 정말 싫어.
B 왜 그래?
A 맨 날 사무실에서 음담패설이나 하고 말 하면서 또 음흉한 눈빛으로 날 쳐다봐.
B 아마 애인이 없으니까 답답해서 그럴 거야. 네가 좀 도와줘라.
A 뭐야? 그럼 넌 왜 안 도와주는데?

관련 어휘 학습

一边，一边	yìbiān, yìbiān	접 ~하면서 ~하다
色咪咪	sèmīmī	음흉하게
憋坏	biēhuài	동 나쁜 생각을 하다, 나쁜 마음을 먹다

*05 手机短信 핸드폰 문자 메시지

A 我刚才看了你的手机。有一条短信说约你今晚一起去酒吧。
Wǒ gāngcái kàn le nǐ de shǒujī。Yǒu yì tiáo duǎnxìn shuō yuē nǐ jīnwǎn yìqǐ qù jiǔbā。

B 哦，那人是我公司的同事。
ò, nà rén shì wǒ gōngsī de tóngshì。

A 真的？我怎么从来不知道这个人？
Zhēnde? Wǒ zěnme cónglái bù zhīdào zhège rén?

B 无聊。我们公司人多着呢。对了，你偷看我手机短信干嘛？
Wúliáo。ǒmen gōngsī rén duōzhe ne。Duìle, nǐ tōukàn wǒ shǒujī duǎnxìn gàn ma?

A 내가 방금 너 휴대폰 봤는데 오늘 저녁에 바(BAR)에 가자는 문자메시지 왔더라.
B 응. 그 사람 우리 회사 동료야.
A 정말? 근데 난 어째 여태껏 그 사람을 모르지?
B 얘는 참! 우리 회사에 사람이 얼마나 많은데.
맞다. 근데 너 왜 내 문자 훔쳐보고 그래?

핸드폰 매뉴얼 용어 ①

- 电话簿: 전화번호부
- 信息功能: 메시지 기능
- 通话记录: 통화 기록
- 设置: 사용환경 설정
- 多媒体: 멀티미디어
- 文件管理: 메모장
- 娱乐游戏: 엔터테인먼트
- 情景模式: 환경 설정
- 行动秘书: 일정 관리
- 附加功能: 부가 기능
- 网络服务: 인터넷 서비스
- 快捷功能: 단축 기능
- 确定: 확인
- 返回: 뒤로

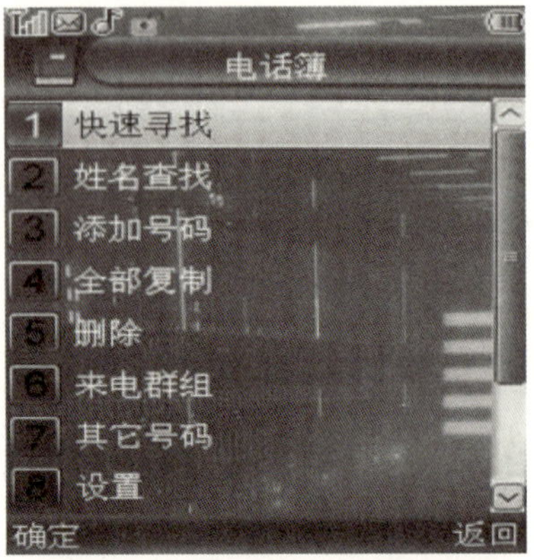

핸드폰 매뉴얼 용어 ②

- 电话簿: 전화번호부
- 快速寻找: 빨리 찾기
- 姓名查找: 이름으로 찾기
- 添加号码: 전화번호 추가
- 全部复制: 전부 복사
- 删除: 삭제
- 来电群组: 수신전화 기록
- 其他号码: 다른 번호
- 设置: 설정

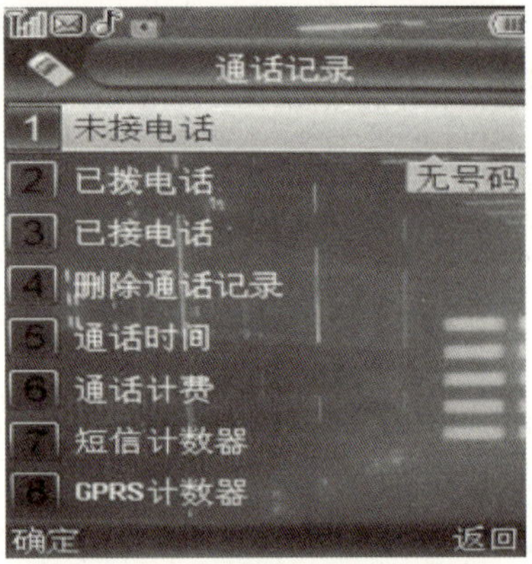

핸드폰 매뉴얼 용어 ③

- 通话记录: 전화기록
- 未接电话: 부재중 전화
- 已拨电话: 발신통화
- 已接电话: 수신통화
- 删除通话记录: 통화기록 삭제
- 通话时间: 통화 시간
- 通话计费: 통화 요금
- 短信计数器: 메시지 기록

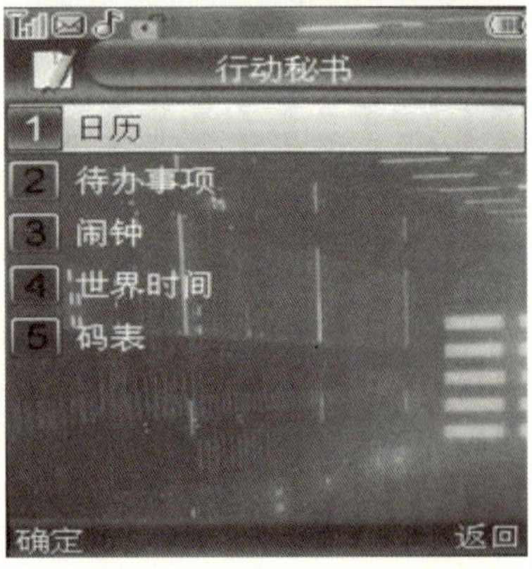

핸드폰 매뉴얼 용어 ④

- 行动秘书: 일정관리
- 日历: 달력
- 待办事情: 일정관리
- 世界时间: 세계시각
- 码表: 스톱워치

*06 扫黄 성매매 단속

A 昨天深圳警方又开始扫黄了。
Zuótiān Shēnzhèn jǐngfāng yòu kāishǐ sǎohuáng le。

B 听说抓了很多小姐和嫖客。
Tīngshuō zhuā le hěn duō xiǎojie hé piáokè。

A 而且还带着那些小姐公开游街示众了。
érqiě hái dàizhe nàxiē xiǎojie gōngkāi yóujiē shìzhòng le。

B 我觉得这样好象不妥当。虽然她们的职业不体面，但她们也是有尊严的啊。
Wǒ juéde zhèyàng hǎoxiàng bù tuǒdàng。Suīrán tāmen de zhíyè bù tǐmiàn, dàn tāmen yě shì yǒu zūnyán de a。

A 어제 선전 경찰이 또 성매매 소탕 작전을 벌렸대.
B 아가씨랑 손님이랑 많이들 잡혀갔다 그러더라.
A 게다가 아가씨들 데리고 길거리에 나가 공개적으로 시민들 앞에 세워 놓았데.
B 내 생각엔 그건 좋은 방법은 아니라고 봐, 비록 그 여자들 직업이 떳떳한 건 아니지만 그 여자들도 인권이란 게 있잖아.

관련 어휘 학습

警方	jǐngfāng	명 경찰
抓	zhuā	동 ①체포하다 ②잡다 ③긁다
嫖客	piáokè	명 오입쟁이
公开	gōngkāi	명·동 공개(하다)
游街	yóujiē	동 ①(죄인이나 영웅적인 인물을 앞세우고) 거리로 다니며 보이다 ②거리를 산보하다
示众	shìzhòng	동 (공개적으로) 대중에게 보이다
妥当	tuǒdang	형 온당하다, 적당하다
体面	tǐmiàn	명 체면
尊严	zūnyán	형 존엄하다 명 존엄(성)

| 용어해설 |

성매매 단속

경찰들이 호텔, 가라오케, 안마시술소, 미용실 등에서의 불법 성매매 단속을 벌이는 것을 '扫黄(sǎohuáng)'이라 한다. 크게 해석하면 음란물(포르노 영화, 잡지 등) 단속을 벌이는 것도 '扫黄'에 해당된다.

광고 카피 해설

- 매춘 사기 행위를 조심하라는 문구

告示: 공지

此路段经常有卖淫女以低价引诱至敦和鹭江等出租屋实施抢劫。
Cǐ lùduàn jīngcháng yǒu màiyínnǚ yǐ dījià yǐnyòu zhì Dùnhélùjiāng děng chūzūwū shīshí qiǎngjié。

敬告好色男仕洁身自爱以免受骗人财俩空!
Jìngào hàosè nánshì jiéshēn zìài yǐmiǎn shòupiàn rén cái liǎ kòng。

이 길에는 항상 매춘녀들이 싼 가격으로 손님을 유혹하여 敦和鹭江 등의 셋방으로 데려와 강도행위를 일삼습니다. 색을 밝히는 남자분들은 스스로 자제하시는 길만이 신체적으로나 금전적으로 손해를 입지 않는 방법입니다.

派出所示: 파출소 공지

Tip

• 성매매 혐의자를 공개 모욕하는 중국

중국 공안의 성매매 단속

2007년 한국 고등학생들이 중국 수학여행 중 성매매를 하여 큰 난리가 난 적이 있다. 이 후 고등학생들의 중국행 수학여행이 대폭 줄어들었다고 한다. 사회주의 국가인 중국에서는 전통적으로 매춘을 법적으로 철저히 금기하여 왔다. 하지만 예상외로 매매춘이 공공연히 성행하고 있는 게 사실이다. 실제로 남자 혼자 또는 두 명이서 호텔에 투숙을 하면 밤늦게 전화가 온다. 젊은 여성이 끈적끈적한 목소리로 "전신안마(?)하지 않을래요?"라는 묘한 뉘앙스를 풍기는데 이 모두 성매매 전화이다. 대부분 호텔 프론터 직원에게 커미션을 주고 고객 정보를 알아내어 하는 것이다. 다만 가끔씩은 신고 보상금을 노린 호텔 직원의 제보로 공안이 들이닥쳐 벌금형을 당하거나 부패한 공안일 경우 무마비로 엄청난 돈을 요구하기도 한다.

중국 광둥(廣東)성 선전(深圳)시 공안당국은 2006년 11월 29일 중심가인 싼사(三沙) 거리에 성을 사고판 남녀 100여명을 한 시간 동안 세워 놓고 공개적인 모욕을 주었다. 경찰은 이들에게 퇴폐를 뜻하는 노란색 셔츠를 입히고, 개개인의 이름과 고향·국적 등을 써서 공개하였다. 다만 마스크 착용은 허용해 얼굴은 가릴 수 있도록 하였다. 거리를 오가는 수천 명의 행인들이 이들을 지켜보았고 혐의자들은 공개 수모를 당한 뒤 모두 구속 기소되었다.

이는 성매매를 줄이기 위해 내 놓은 극약처방이다. 하지만 법조계·시민단체에서는 형이 확정되지도 않은 혐의자들의 신원을 공개하고 공개적으로 모욕하는 것은 심각한 법 위반이며 인권침해라며 반발하였다. 민주주의 국가에서는 상상할 수 없는 일인데 법을 집행하는 공안이 법을 위반하고 인권을 침해한 사건이라고 볼 수 있다.

이에 중국을 관광하는 한국인들도 한 순간의 쾌락을 위해 유혹에 넘어가지 않도록 유의하여야 한다.

*07 裸奔 그라운드의 벌거숭이, 스트리킹

A 听说今年圣诞节前有很多年轻人要集体裸奔。
Tīngshuō jīnnián shèngdànjié qián yǒu hěn duō niánqīngrén yào jítǐ luǒbēn。

B 是吗? 在哪儿?
Shì ma? Zài nǎr?

A 怎么? 你也想参加?
Zěnme? Nǐ yě xiǎng cānjiā?

B 我没有勇气当众脱光。但我很想看看别人脱光的样子。
Wǒ méiyǒu yǒngqì dāngzhòng tuōguāng。Dàn wǒ hěn xiǎng kànkan biéren tuōguāng de yàngzi。

A 变态的家伙。
Biàntài de jiāhuo。

A 올해 크리스마스이브 날 수 많은 젊은이들이 단체로 스트리킹 할 거래.
B 정말? 어디서?
A 왜? 너도 참가하려고?
B 난 용기가 없어 사람들 앞에서 옷을 못 벗지. 근데 다른 사람들이 훌딱 벗고 뛰는 모습은 되게 보고 싶어.
A 이 변태 같은 놈.

관련 어휘 학습

圣诞节	Shèngdànjié	명 크리스마스, 성탄절
勇气	yǒngqì	명 용기
脱光	tuōguāng	동 벌거벗다

| 용어해설 |

그라운드의 벌거숭이, 스트리킹

축구경기장이나 공공장소에서 알몸으로 뛰어다니는 것을 '裸奔(luǒbēn)'이라고 한다. 영어로 '스트리킹'이라고 하는데 중국 프로 축구에서도 스트리킹하는 광 팬들이 점점 늘어나고 있는 추세이다.

*08 太平公主 태평공주, 가슴이 절벽인 공주

A 这个女歌手歌唱得不错，胸部也挺漂亮的啊。
Zhège nǚ gēshǒu gē chàngde bú cuò, xiōngbù yě tǐng piàoliang de a。

B 上当了吧！
Shàngdàng le ba!

A 怎么？假的？
Zěnme? jiǎ de?

B 她其实是个太平公主。
Tā qíshí shì ge tàipínggōngzhǔ。

A 이 여자가수 노래 참 잘 부른다. 가슴도 정말 예쁘고.
B 속았어.
A 뭐가? 가짜야?
B 그 여자 사실은 가슴이 절벽이래.

관련 어휘 학습

上当	shàngdàng	동 속다, 꾐에 빠지다, 속임수에 걸리다

| 용어해설 |

태평공주, 가슴이 절벽인 공주

太平公主는 실제 중국 당나라 때의 유명한 공주이다. 하지만 지금은 가슴이 너무 평평한(太过于平坦) 여인을 가리킬 때 '太平公主'라고 한다. 심하게는 '飞机场(비행장)'이라고도 한다.

*09 丰胸 유방확대

A 老公，你看我的胸是不是有点儿小？
Lǎogōng, nǐ kàn wǒ de xiōng shì bu shì yǒudiǎnr xiǎo?

B 还好。
Hái hǎo。

A 要不我也去做个丰胸手术？
Yàobù wǒ yě qù zuò gè fēngxiōng shǒushù?

B 无聊。
Wúliáo。

A 怎么？心疼钱？
Zěnme? Xīnténg qián?

B 都那么大岁数了，再说我又没嫌弃你，瞎折腾什么啊！
Dōu nàme dà suìshù le, zàishuō wǒ yòu méi xiánqì nǐ, xiā zhēteng shénme a!

A 여보, 당신 보기에 내 가슴이 좀 작지 않아요?
B 괜찮아.
A 안 그럼 나도 가서 유방확대 수술 받을까?
B 실없기는.
A 왜요? 돈이 아까와서?
B 지금 나이가 몇 인데? 또 내가 당신 버릴 것도 아닌데 뭘 쓸데없이 고민하고 그래?

관련 어휘 학습

手术	shǒushù	명 수술
心疼	xīnténg	동 ①아까워하다 ②몹시 아끼다, 사랑하다
嫌弃	xiánqì	동 ①(싫어서)내버리다 ②싫어하다
折腾	zhēteng	동 ①고민하다 ②괴롭히다

| 용어해설 |

유방확대

중국에서는 한류 열풍으로 한국의 연예인들이 대단한 인기다. 하지만 안타깝게도 한국 연예인은 성형미인이라는 인식이 많이 퍼져있다. 반면 이로 인해 한국에 성형수술관광을 오는 중국인이 해마다 늘고 있다. 성형수술이 새로운 한류로 자리매김한 셈이다, 성형수술관광을 오는 중국 여성들이 가장 많이 하는 수술이 '눈', '코' 다음으로 '유방확대'라고 한다. 한국이나 중국이나 아름다워 지고자 하는 여성의 욕망은 똑 같은가 보다. 성형외과 수준이 세계적으로 인정을 받는 건 좋으나 씁쓸한 감정을 지울 수는 없다. '隆胸(lóngxiōng)'이라고도 한다.

Tip

- 유방확대 관련 유머 만화

만화 내용 해설

真是不错!

Zhēnshì búcuò!

不过不知道是不是 '隆'的?

Búguo, bù zhīdao shì bushì
'lóng' de?

정말 좋군!

근데 유방확대한건 아닌지 몰라?

광고 카피 해설

- 유방확대 센터 광고

유방확대 센터 '挺乃儿'의 중문브랜드 의미

'挺(tǐng)'은 '세우다, 꼿꼿하다'는 의미이고, '乃(nǎi: 너, 당신)'는 '奶(nǎi: 젖, 유방)'의 의미를 담고 있으며, '儿'은 뜻을 부드럽고 친근하게 하는 기능을 가지고 있다. 이에 '挺乃儿' 브랜드는 "당신의 가슴을 예쁘고 아름답게 확대한다."는 메시지를 담고 있다. 유방확대 브랜드로선 아주 잘 지은 이름이다.

不吃药 不注射 不开刀 无激素
Bù chīyào, búzhùshè, bù kāidāo, wú jīsù
약 먹지 않고, 주사 맞지 않고, 수술하지 않고, 여성호르몬 주입하지 않습니다.

丰胸冬天好季节!
Fēngxiōng dōngtiān hǎojìjié
유방확대하기에는 겨울철이 좋은 계절입니다!

挺乃儿彻底改变了我们的生活
Tǐngnǎier chèdǐ gǎibiàn le wǒmen de shēnghuó
'挺乃儿'은 우리의 생활을 확실하게 바꿔드립니다.

*10 嗑药 마약 복용

A 听说很多明星都有嗑药的习惯。
Tīngshuō hěn duō míngxīng dōu yǒu kēyào de xíguàn。

B 我也听说很多人上台演出前一定要嗑药，要不就很紧张。
Wǒ yě tīngshuō hěn duō rén shàngtái yǎnchū qián yídìng yào kēyào, yàobù jiù hěn jǐnzhāng。

A 看来当明星也不容易啊。
Kànlái, dāng míngxīng yě bù róngyì a。

A 많은 스타들이 마약을 상용한다고 그래.

B 나도 많은 스타들이 공연하기 전에 마약을 한다고 들었어, 안 하면 지나치게 긴장해서 그런대.

A 스타가 되는 것도 쉬운 건 아니구나.

관련 어휘 학습

上台	shàngtái	동 ①무대에 오르다 ②정권을 잡다
演出	yǎnchū	명·동 공연(하다), 상연(하다)
要不	yàobù	접 ①그렇지 않으면 ②~하거나, ~하거나
紧张	jǐnzhāng	명 긴장
		형 ①긴장해있다, 불안하다 ②바쁘다 ③부족하다

| 용어해설 |

마약 복용

중국에서도 연예인들의 마약복용 사실이 드러나 큰 이슈가 되고 있다. 중국에서는 매년 마약중독자가 기하급수적으로 늘고 있는데 이는 중국 雲南省(Yúnnánshěng)이나 동남아 국경지역에서 마약류를 쉽게 들여올 수 있어서라고 한다.

*11 摇头丸 엑스터시

A 那个姑娘跳得真疯狂啊。
Nàge gūniang tiào de zhēn fēngkuáng a。

B 八成是吃了摇头丸。
Bāchéng shì chīle yáotóuwán。

A 真的那么神奇吗?
Zhēn de nàme shénqí ma?

B 怎么? 你也想试试?
Zěnme? Nǐ yě xiǎng shìshi?

A　저 여자 진짜 미친 듯이 춤춘다.
B　분명히 엑스터시 먹었을 거야.
A　정말 그렇게 효과 있어?
B　왜? 너도 한 번 해 볼래?

관련 어휘 학습

姑娘	gūniang	명 ①아가씨 ②딸
疯狂	fēngkuáng	형 미치다, 실성하다
八成	bāchéng	부 십중팔구, 대체로 명 8할
神奇	shénqí	형 신기하다

| 용어해설 |

엑스터시

새로운 신종 마약류인 '엑스터시'는 환각효과가 강해 복용 후 미친 듯이 머리를 흔들며(摇头) 춤을 춘다고 한다. 그래서 '머리를 흔드는 환약'이라는 뜻으로 '摇头丸(yáotóuwán)'이라고 이름 붙였다. 중국의 바(BAR)나 나이트클럽에 가면 '엑스터시를 하지 말자'는 공익광고가 많이 붙어있을 정도로 유행하고 있다.

광고 카피 해설

• 엑스터시를 하지 말자는 공익 광고

我是 I 你是 YOU: '나'는 'I' '너'는 'YOU'

来是 COME 去是 GO: '오다'는 'COME' '가다'는 'GO'

点头 YES 摇头 NO: '머리를 끄덕이다'는 'YES' '머리를 흔들다'는 'NO'

谢谢你 THANK YOU: '감사합니다' 'THANK YOU'

接触身边摇头丸，比学这几句英语还简单。
Jiēchù shēnbian yáotóuwán, bǐ xué zhè jǐ jù Yīngyǔ hái jiǎndān
주변에서 엑스터시를 접할 수 있는 기회는 이 영어 몇 마디 배우는 것보다 쉽습니다.

拒绝毒品，向摇头丸摇头
Jùjué dúpǐn, xiàng yáotóuwán yáotóu
마약을 하지 맙시다. 엑스터시를 거부합시다.

12 人渣 인간 쓰레기

Ⓐ 小王她老公昨天又打她了，而且打得特狠。
Xiǎo Wáng tā lǎogōng zuótiān yòu dǎ tā le, érqiě dǎ de tè hěn。

Ⓑ 为什么？
Wèishénme?

Ⓐ 听说是小王做的菜太咸了。
Tīngshuō shì Xiǎo Wáng zuò de cài tài xián le。

Ⓑ 天啊，这个男人真是个人渣！
Tiān a, zhège nánren zhēn shì ge rénzhā!

A 샤오왕 남편이 어제 또 샤오왕을 때렸대.
그것도 엄청 심하게 두들겨 팼대.
B 왜?
A 그게 말야~ 샤오왕이가 한 음식이 너무 짜서 그랬데.
B 세상에. 그 남자 정말 인간 쓰레기구만.

관련 어휘 학습

狠	hěn	형 모질다, 잔인하다
咸	xián	형 (맛이)짜다, 소금기가 있다

Tip

• '渣'와 권련된 시사 유행어 '豆腐渣工程(dòufǔzhā gōngchéng: 부실시공)'

1998년 양자강 대홍수 기간에 수재지역을 방문한 '朱容基(Zhū róngjī)' 총리가 한 말로서 함량 미달의 자재를 쓴 '부실시공'을 '豆腐渣(두부비지)' 비유하여 유행한 말이다. 2008년 스촨(四川)성 대지진 때 대부분의 건물이 무너진 것을 보고 '豆腐渣工程'은 또 다시 유행하였다.

*13 海龟 바다거북이 – 유능한 해외 유학파

A 小王做事就是特认真，一点儿也不马虎。
Xiǎo Wáng zuòshì jiù shì tè rènzhēn, yìdiǎnr yě bù mǎhu。

B 那当然。毕竟是海龟嘛，和一般人就是不一样。
Nà dāngrán。bìjìng shì hǎiguī ma, hé yìbān rén jiù shì bù yíyàng。

A 샤오왕은 일 할 때 정말 열심이야. 조금도 대충하는 법이 없어.
B 그야 당연하지. 유학파 아니냐? 보통사람들이랑은 틀리지.

관련 어휘 학습

认真	rènzhēn	형 진지하다, 성실하다
马虎	mǎhu	형 건성건성하다, 소홀하다
毕竟	bìjìng	부 필경, 결국
海龟	hǎiguī	명 바다거북이
一点儿也	yìdiǎnr yě	조금도
一般人	yìbānrén	명 일반인, 보통 사람

| 용어해설 |

바다거북이 – 유능한 해외 유학파

'从海外留学归来的人(해외에서 유학하고 돌아온 사람)'을 줄인 '海归(hǎiguī)'와 동음임을 활용해 '海龟(hǎiguī)'라고 부른다. 바다 속의 영물 '바다거북(海龟)'은 수명이 길고 신성시 여겨지기 때문에 해외에서 선진문물을 공부하고 온 사람을 '바다거북'에 비유한 경외심을 담은 표현이다.

*14 海带 미역 – 유학 갔다 온 백수

A 小王现在在哪儿工作啊?
Xiǎo Wáng xiànzài zài nǎr gōngzuò a?

B 真不好意思，在家闲着呢。
Zhēn bùhǎoyìsi, zài jiā xiánzhe ne。

A 开什么玩笑? 你可是海龟啊。
Kāi shénme wánxiào? Nǐ kě shì hǎiguī a。

B 什么海龟! 都成海带了。
Shénme hǎiguī! dōu chéng hǎidài le。

A　샤오왕은 지금 어디서 일하지?
B　정말 부끄럽습니다만 집에서 쉬고 있습니다.
A　농담하니? 너 유학파 아니냐?
B　무슨 유학파는 유학파요. 유학 갔다 온 백수인데요.

관련 어휘 학습

闲着	xiánzhe	동 ①빈둥거리고 있다 ②비어있다, 건성건성 하다
海带	hǎidài	미역, 무능한 해외 유학파
不好意思	bùhǎoyìsi	①부끄럽다, 쑥스럽다, 창피스럽다, ②미안하다, …하기가 곤란하다
都	dōu	부 ①모두, 다 ②이미, 벌써
成	chéng	동 ①이루다, 완성하다, 성공하다 ②(…으로) 되다, 변하다,(…이) 되다

| 용어해설 |

미역 – 무능한 해외 유학파

'从海外留学归来，但待业在家的人(외국서 유학하고 돌아왔지만 집에서 노는 사람)'의 줄임말이 海待(hǎidāi)"이다. 이에 동음을 활용해 '海带(hǎidài)'라고 부른다. 위의 유능한 해외 유학파는 신성한 '바다거북'에 비유하지만 유학 갔다 온 백수는 '미역'에 비유하였다.

*15 留学垃圾 도피 유학한 쓰레기

A 昨天同事给我介绍了一个男朋友。
Zuótiān tóngshì gěi wǒ jièshào le yí ge nánpéngyou。

B 怎么样? 干什么的?
Zěnmeyàng? gàn shénme de?

A 说是一个海龟。
Shuō shì yí ge hǎiguī。

B 是吗? 应该很不错吧。
Shì ma? yīnggāi búcuò ba。

A 什么不错。我看就是一个留学垃圾。英语还没有我流利呢。
Shénme búcuò。Wǒ kàn jiùshì yí ge liúxuélāji。Yīngyǔ hái méiyǒu wǒ liúlì ne。

A 어제 직장 동료가 남자친구를 한 명 소개시켜 줬어.

B 어땠어? 뭐 하는데?

A 해외 유학파래.

B 그래? 그럼 정말 괜찮겠다.

A 괜찮긴 뭐가 괜찮아. 완전히 도피 유학한 쓰레기던데.
영어도 나보다 더 못하더라.

관련 어휘 학습

流利	liúlì	형 유창하다
同事	tóngshì	명 동료, 동료 직원
介绍	jièshào	동·명 ①소개(하다) ②중매(하다)
垃圾	lāji	명 쓰레기

16 跌份 쪽 팔리다

A 这是你的车?
Zhè shì nǐ de chē?

B 对啊。怎么了?
Duì a。Zěnme le?

A 不会吧? 你那么有钱, 怎么就开这样一辆破车, 太跌份了吧?
Bú huì ba? Nǐ nàme yǒu qián, zěnme jiù kāi zhèyàng yí liàng pòchē, tài diēfèn le ba?

B 这有什么! 我觉得挺好。
Zhè yǒu shénme! wǒ juéde tǐng hǎo。

A 이거 네 차니?

B 그래. 왜 그래?

A 설마? 너 돈이 그리 많은데 무슨 이런 똥차를 몰고 다니냐? 진짜 안 쪽 팔리냐?

B 이게 뭐 어때서? 난 좋기만 한데.

관련 어휘 학습

跌份	diēfèn	俗 체면을 잃다, 신분을 잃다

Tip

- "체면 좀 세워줘"의 중국어 표현

'체면'은 중국어로 '体面', '面子'라고 한다. 일반적으로 '面子'를 많이 쓴다. "체면 좀 세워줘"는 "给我(点)面子"라고 하고 "저 사람 체면 좀 세워줘"는 "给他(点)面子"이다. 또한 "체면(면목)이 안선다", "체면을 잃다"는 "没面子", "丢面子"라고 한다.

17 帅呆了 킹왕짱

A 快看前面那个帅哥。哇，真是帅呆了。
Kuài kàn qiánmian nàge shuàigē。Wa, zhēn shì shuàidāi le。

B 快走吧，要不就迟到了。我看你快成花痴了。
Kuài zǒu ba, yàobù jiù chídào le。Wǒ kàn nǐ kuài chéng huāchī le。

A 빨리 저 앞에 킹카 좀 봐. 우와, 정말 킹왕짱 멋있다.

B 빨리 가자, 안 그럼 늦는다. 잘못하면 너 정말 홀딱 빠지겠다.

관련 어휘 학습

帅哥	shuàigē	멋있는 오빠, 킹카
迟到	chídào	동 지각하다
花痴	huāchī	명 꽃에 미친(홀딱 빠진) 사람
		방언 치정(癡情)으로 정신 이상이 된 사람 또는 그러한 병
呆	dāi	형 ①(머리가) 둔하다, 멍청하다, 미련하다 ②무표정하다, 멍하다, 어리둥절하다
		①머무르다, 체재하다 ②하는 일이 없이 빈둥거리다

| 용어해설 |

킹왕짱

최근에 중국 젊은이들 사이에서 외모가 뛰어난 남성을 멋있다고 표현할 때 쓰는 유행어이다. 주로 남자 연예인들을 형용할 때 많이 쓴다.

*18 酷毙了 쩐다 쩔어! 완전쿨

A 说实话，你觉得我男朋友怎么样？
Shuōshíhuà, nǐ juéde wǒ nánpéngyou zěnmeyàng?

B 还好。
Hái hǎo。

A 什么叫还好？你不觉得他很酷吗？
Shénme jiào hái hǎo? Nǐ bù juéde tā hěn kù ma?

B 对，很酷，酷毙了。这下可以了吧？神经病！
Duì, hěn kù, kùbì le。Zhè xià kěyǐ le ba? shénjīngbìng!

A 솔직히 얘기해서 내 남자친구 어때?
B 괜찮네.
A 괜찮다는 게 무슨 의미야? 네가 보기에 내 남자친구 완전 쿨하지 않니?
B 그래, 되게 쿨해, 쩐다 쩔어. 이제 됐지? 미친년.

관련 어휘 학습

酷	kù	형 쿨(cool) 부 매우, 심히
神经病	shénjīngbìng	건성건성 하다, 정신병, 신경병

| 용어해설 |

울트라 캡 쿨

'酷(kù)'는 영어 'COOL'에서 온 말이다. '酷毙了(kùbìle)'의 의미는 기본적으로 '帅呆了(shuàidāile)'와 같다. 다만 '帅呆了'는 남자에게만 사용할 수 있지만 '酷毙了'는 남녀 모두에게 다 쓸 수 있다.

Tip

• 클론 타이페이 공연 앨범 표지

'클론'의 중국어 이름은 '酷龙(Kùlóng)'이다. 발음이 '클론'과 비슷하고 뜻은 '쿨한 용'이란 뜻이다. 아주 잘 지어진 이름으로 즉, "아주 터프하고 멋있는 최고"라는 의미를 지니고 있다. '클론'의 마지막 공식 앨범 '초연(初戀: 첫사랑)'은 사실 대만을 비롯한 중화권을 우선적으로 생각한 앨범으로 형광봉을 들고 환상적으로 추는 춤과 신나는 리듬으로 대단한 인기였고 수많은 CF를 찍기도 하였다. 강원래의 사고로 한류열풍의 뒤안길로 사라진 '클론'이지만 '클론'은 가수로서 한류 열풍의 중화권 시장 개척자이자 최대 공로자라고 할 수 있다.

*19 炒鱿鱼 오징어 볶음 당하다 - 해고되다

A 哎，今天怎么没去公司啊？
Ai, jīntiān zěnme méi qù gōngsī a?

B 不干了。
Bú gàn le。

A 怎么？又被老板炒了鱿鱼？
Zěnme? Yòu bèi lǎobǎn chǎo le yóuyú?

B 不是。这次是我炒了老板的鱿鱼。
Bú shì。Zhècì shì wǒ chǎo le lǎobǎn de yóuyú。

A 是吗？厉害。终于炒了一次别人。
Shì ma? Lìhai。Zhōngyú chǎo le yí cì biéren。

B 你到底是在夸我呢还是在骂我呢？
Nǐ dàodǐ shì zài kuā wǒ ne háishì zài mà wǒ ne?

A 어이, 오늘 왜 출근 안 해?
B 그만 뒀어.
A 왜? 또 짤렸냐?
B 아니, 이번엔 내가 사장 물 좀 먹였지.
A 그래? 대단한데. 너도 결국엔 남 물 먹이는 경우가 있구나.
B 근데 너 지금 칭찬하는 거냐, 욕하는 거냐?

관련 어휘 학습

炒鱿鱼	chǎoyoúyú	오징어 볶음 당하다, 해고되다
厉害	lìhai	형 대단하다, 무섭다 명 지독함, 본때
终于	zhōngyú	결국, 마침내
到底	dàodǐ	(의문문강조) 마침내
夸	kuā	①칭찬하다 ②과장하다
骂	mà	동 욕하다, 꾸짖다

| 용어해설 |

오징어 볶음 당하다 - 해고되다

'해고당하다'의 속어이다. 탱탱하고 반듯한 오징어를 볶으면 줄어들면서 돌돌 말린다고 해서 해고당한 사람의 처지를 비유하여 만든 말이다. 두 가지 경우로 쓰이는데 회사에서 잘리는 경우에는 '被公司老板炒了鱿鱼'이고 반대로 더 좋은 회사로 옮기는 경우엔 사장을 물 먹인다고 하여 '炒了老板的鱿鱼'라고 한다.

*20 啃老族 캥거루족, 부모님만 믿어요！

A 你怎么不出去找个工作啊?
Nǐ zěnme bù chūchù zhǎo ge gōngzuō a?

B 上哪儿去找啊? 象我这样的学历, 又不是美女, 难啊。
Shàng nǎr qù zhǎo a? Xiàng wǒ zhèyang de xuélì, yòu búshì měinǚ, nán a。

A 那你就准备一直做啃老族?
Nà nǐ jiù zhǔnbèi yìzhí zuò kěnlǎozú?

B 不啃老啃谁啊?
Bù kěn lǎo kěn shéi a?

A 也可以啃我啊。你想怎么啃都可以。
Yě kěyǐ kěn wǒ a。Nǐ xiǎng zěnme kěn dōu kěyǐ。

B 臭流氓。滚。
Chòu liúmáng。 Gǔn。

A 넌 어째 직장 구하러 나가 보지도 않냐?
B 어디 가서 찾아? 나 같은 학력에 그렇다고 미인도 아니고. 어렵지.
A 그럼 넌 계속 캥거루족으로 살거야?
B 그럼 부모님한테 안 기대면 누구한테 기대?
A 나한테 기대도 돼. 얼마든지 기대도 된다니까.
B 양아치 새끼. 꺼져.

관련 어휘 학습

学历	xuélì	명 학력
臭	xiù	명·동 (냄새)를 맡다
	chòu	형 나쁘다, 더럽다 동 ①썩다 ②사이가 나빠지다 부 몹시
流氓	liúmáng	명 건달, 불량배

| 용어해설 |

캥거루족. 부모님만 믿어요！

'啃(kèn)'은 '갉아먹다'란 뜻이고 '老'는 '노인', 즉 '부모님'을 가리킨다. 성인이 되어서도 직장이 없이 부모님의 경제력에 의존하여 사는 젊은이들을 '啃老族'고 한다. 현대 중국의 가장 큰 사회문제가 바로 '부패'와 '취업' 문제인데 청년 실업자의 수는 점점 늘어가고 따라서 '啃老族(kěnlǎozú)' 대폭 증가하는 추세이다.

*21 铁公鸡 강철 닭, 구두쇠, 노랑이

A 听说张科长要去升官了。
Tīngshuō Zhāng kēzhǎng yào qù shēngguān le。

B 升什么官?
Shēng shénme guān?

A 处长呀。
Chùzhǎng ya。

B 不错。明天让他请客。
Búcuò。Míngtiān ràng tā qǐngkè。

A 我看没戏。他呀，整个儿一个铁公鸡。
Wǒ kàn méixì。Tā ya, zhěnggèr yí ge tiěgōngjī。

A 장과장이 승진했다면서?
B 뭘로 승진했는데?
A 처장으로.
B 대단하다. 내일 장 과장한테 저녁 사라고 하자.
A 턱도 없다. 장 과장 그 사람 구두쇠 중의 구두쇠야.

관련 어휘 학습

吝啬鬼	lìnsèguǐ	명 구두쇠
科长	kēzhǎng	명 과장
处长	chùzhǎng	명 처장
升官	shēngguān	동 승진하다, 출세하다
请客	qǐngkè	동 한턱내다, 손님을 초대하다 명 손님초대
没戏	méixì	형 가망이 없다, 재미없다, 시원치 않다
整个儿	zhěngger	전부 다, 완전히, 모두

| 용어해설 |

강철 닭, 구두쇠, 노랑이

대단히 인색한 구두쇠를 '铁公鸡(tiěgōngjī)'라고 한다. '吝啬鬼(lìnsèguǐ)'라고도 하는데 '铁公鸡一毛不拔'라고 많이 표현한다. 이는 두 가지 의미가 있다.

铁公鸡一毛不拔(tiěgōngjī yì máobù bá): ① 철로 만든 닭은 털 하나도 뽑을 수 없다.
② 구두쇠는 一毛(一角)도 안 쓴다.

중국의 화폐단위 중에는 소액권인 '毛'가 있는데 구두쇠는 '一毛'도 안 쓴다고 해서 나온 말이다. ①② 둘 다 "대단히 인색하다."는 의미이다

Tip

미국 NBA Huston Rockets의 야오밍

• 구두쇠 행각으로 역적이 될 뻔한 농구스타 야오밍(姚明)

중국 대륙을 뒤흔든 쓰촨성(四川省) 대지진 참사. 이에 대한 연예계·스포츠계 스타들의 기부금 액수가 네티즌들의 도마에 올랐다. 특히, 중국이 낳은 세계적인 농구스타 야오밍(姚明)의 쥐꼬리만 한 기부액이 엄청난 비난을 받았다. 야오밍이 내놓은 것은 겨우 50만 위안(약 7,500만 원)이었다. 야오밍의 지난해 수입만 5500만 달러(약 572억 원)에 이르는데 비해 너무나 적은 액수였다.

한 네티즌은 "자신의 은행 계좌에서 50만 위안이 아니라 50만 달러가 빠져나가도 눈치 채지 못할 만큼 돈 많은 선수가 야오밍"이라며 그의 인색함을 비판했다.

야오밍은 늦게나마 성금을 200만 위안으로 늘리고 '야오밍기금'을 만들어 스촨성 돕기에 전면적으로 나섰다. 이에 야오밍의 인기는 다시 올라가고 2004 아테네올림픽, 2008 베이징올림픽 2회 연속 중국선수단 기수를 맡는 영광을 누리게 되었다.

22 买单 계산하다

A 今天晚上一起去喝酒吧。
Jīntiān wǎnshàng yìqǐ qù hējiǔ ba。

B 好啊。今天谁买单?
Hǎo a。Jīntiān shéi mǎidān?

A 当然是你啊。你不是买房子了吗? 好好庆祝一下吧。
Dāngrán shì nǐ a。Nǐ búshì mǎi fángzi le ma? Hǎohāo qìngzhù yí xià ba。

B 哈哈。我都愁死了。下半生就为银行打工了。
Haha。Wǒ dōu chóusǐ le。Xià bànshēng jiù wèi yínháng dǎgōng le。

A 오늘 저녁 같이 술 한자 하자.

B 좋아. 오늘 누가 살 건데?

A 당연히 너지. 너 집 샀잖아. 축하해야 할 것 아냐.

B 하하. 걱정돼 죽겠구먼 그래, 남은 인생은 은행 빚 갚느라 아르바이트라도 해야 될 지경이다.

관련 어휘 학습

庆祝	qìngzhù	동 경축하다, 축하하다
愁死	chóusǐ	동 걱정이 되어 죽겠다, 매우 근심스럽게 하다
打工	dǎgōng	동 일하다, 아르바이트 하다

| 용어해설 |

계산하다

식당이나 유흥업소에서 계산할 때 하는 말이 '买单(mǎidān)'이다. '结帐(jiézhàng)'이라고도 한다. 단, 상점, 슈퍼마켓, 백화점 등에서 물건을 사고 계산할 때는 '结帐"이라고 해야지 '买单'이라고 할 수는 없다. '结帐'은 어느 경우나 다 가능하다.

*23 楼市 부동산 시장

A 你觉得今年的楼市会降温吗?
Nǐ juéde jīnnián de lóushì huì jiàngwēn ma?

B 谁知道呢。政府早几年就说要控制房价，可是房子越控制越贵。
Shéi zhīdào ne。Zhèngfǔ zǎo jǐ nián jiù shuō yào kòngzhì fángjià, kěshì fángzi yuè kòngzhì yuè guì le。

A 真不容易啊。想做爱都没有地方。
Zhēn bù róngyì a。Xiǎng zuò'ài dōu méiyǒu dìfang。

B 你还想做呢。我让高房价压得都阳痿了。
Nǐ hái xiǎng zuò ne。Wǒ ràng gāo fángjià yāde dōu yángwěi le。

A 네 생각에 올해 부동산 시장은 좀 풀릴 것 같니?
B 누가 알아. 정부에서 요 몇 년간 집값을 잡는다고 하더니만 잡을수록 집값은 더 비싸졌어.
A 참 살기 어렵다. 섹스를 하고 싶어도 할 때가 있어야 말이지.
B 그러고도 그게 하고 싶냐? 나는 높은 집값에 눌려 발기부전이 될 지경이다.

관련 어휘 학습

降温	jiàngwēn	동 ①추세가 완화되다 ②기온이 내려가다
控制	kòngzhì	동 규제하다, 제어하다
房价	fángjià	집값

| 용어해설 |

부동산 시장

글말로는 '房地产市场(fángdìchǎnshìchǎng)'이라고 한다. 지금 중국의 부동산시장은 지나치게 과열되어 있는데 집값이 천정부지로 올랐다. 한국인들도 베이징의 '望京(Wàngjīng)'지역을 필두로 상하이, 광저우 등 대도시에 부동산을 많이 보유하는 등 부동산 시장 과열 주범 중의 하나로 꼽힌다. 중국의 서민들도 이제는 한국처럼 내 집 마련에 평생을 매달리는 상황이 되었다.

*24 车市 자동차 시장

A 最近车市好象不太景气啊。
Zuìjìn chēshì hǎoxiàng bú tài jǐngqì a。

B 买车干吗？一个月光养车就得花掉半个月的工资。
Mǎi chē gàn ma? Yí ge yuè guāng yǎng chē jiù děi huādiào bàn ge yuè de gōngzi。

A 但是有车好泡妞啊。
Dànshì yǒu chē hǎo pàoniū a。

B 连自己都快养不活了，哪还有心情泡妞。
Lián zìjǐ dōu kuài yǎng bù huó le, nǎ hái yǒu xīngqíng pàoniū a。

A　요즘 자동차 시장이 엄청 불경기래.
B　차를 사서 뭐 하려고?
　　한 달에 차 유지비만 월급에 꼬박 반이 들어가.
A　그래도 차 있으면 여자 꼬시기 쉽잖아.
B　자기 앞가림도 제대로 못 하는데 무슨 마음으로 여자를 꼬셔.

관련 어휘 학습

景气	jǐngqì	명 경기, 경치 형 경기가 좋다
光	guāng	부 다만, 오직 명 ①빛 ②풍경
		형 ①밝다 ②조금도 남지 않다
养车	yǎngchē	자동차를 유지하다
工资	gōngzī	명 임금, 월급
泡妞	pàoniū	동 여자를 꼬이다, 여자와 놀아나다

| 용어해설 |

자동차 시장

불과 10여년 전만해도 중국인의 주요 교통수단은 자전거였다. 자가용을 소유한다는 것은 서민들에겐 꿈에서나 가능한 일이었다. 하지만 근래 들어 서민들의 자가용 구입이 꿈이 아닌 현실로 이루어졌다. 하지만 그 열기도 요즘은 잠시 시들해져가고 있다. 각종 세금과 기름 값의 폭등으로 중국 자동차 시장은 전반적으로 불경기 상황이다.

*25 八卦 뭐든지 다 알아요! 길거리 통신

A 听说王菲生了个女儿。
Tīngshuō Wáng Fēi shēng le ge nǚ'ér。

B 是吗?
Shì ma?

A 听说是个兔唇。
Tīngshuō shì gè tùchún。

B 你怎么这么八卦啊。烦死我了。
Nǐ zěnme zhème bāguà a。Fánsǐ wǒ le。

A 왕페이가 딸을 낳았데.
B 그래?
A 근데 '언청이'라더라.
B 넌 뭔 그리 잡다한 소식까지 다 아니? 정말 지겹다.

관련 어휘 학습

兔唇	tùchún	명 토끼 입술, 〈의학〉 언청이
生	shēng	동 ①낳다, 태어나다 ②생기다, 자라나다 ③(병·사건·효과 등이) 생기다
		명·동 삶(살다), 생존(하다)
		형 ①(밥·과일·고기 등이) 설다, 덜 익다, 생것이다 ②가공하지 않은, 자연 그대로의, 천연적인

| 용어해설 |

뭐든지 다 알아요! 길거리 통신

'잡다한 소식', 일명 '길거리 통신'이라고 한다. 별 근거 없이 입소문으로 퍼지는 소식을 '八卦消息(bāguàxiāoxi)'라고 하고 이런 소문을 잘 듣고 잘 전하는 사람을 '很八卦' 또는 '八婆(bāpó)'라고 한다.

*26 爽 화끈하다, 기분 째진다.

Ⓐ 昨天真是超级爽。
Zuótiān zhēn shì chāojí shuǎng。

Ⓑ 干什么了?
Gàn shénme le?

Ⓐ 先痛痛快快地踢了一场球, 然后和朋友们痛痛快快地喝了一会儿啤酒。真是爽歪了。
Xiān tòngtongkuàikuai de tīle yì chǎng qiú, ránhòu hé péngyoumen tòngtongkuàikuai de hēle yíhuìr píjiǔ。zhēn shì shuǎngwāi le。

Ⓑ 就这个啊。我以为你和谁上床了呢。
Jiù zhège a。Wǒ yǐwéi nǐ hé shéi shàngchuǎng le ne。

A 어제 진짜 기분 끝내 줬다.
B 뭐 했는데?
A 화끈하게 축구 한 게임하고 친구들이랑 시원하게 맥주 한 잔 했더니 기분 째지더라.
B 겨우 그거야? 난 또 네가 누구랑 섹스라도 한 번 한 줄 알았지.

관련 어휘 학습

超级	chāojí	형 최고의
啤酒	píjiǔ	명 맥주
痛痛快快	tòngtongkuàikuai	형 통쾌한 모양, 시원스러운 모양

| 용어해설 |

화끈하다, 기분 째진다.

기분 좋다는 말로 원래는 성적 쾌감을 나타낼 때 쓰는 말이었다. 일반적으로 남성들이 성적 쾌감을 느낄 때만 쓰는 말이었는데 최근 들어 여러 방면에서 다 쓰이고 있다. 게다가 '舒服(shūfu)' 같은 의미의 말들이 '爽(shuǎng)'으로 바뀌어 사용되고 있는 추세다. 심지어 젊은 여성들이나 아이들조차 '기분 좋다'라는 표현을 '爽'이라고 표현한다. 단, 보수적인 나이 많은 사람들은 경박하다고 해서 사용하지 않는다.

Tip

● '爽'을 활용한 비아그라 광고

快速 ☆ 持久 ☆ 不伤身

kuàisù ☆ chíjiǔ ☆ bù shāng shēn

빠르고, 오래가며, 몸에 해롭지 않습니다.

● 인터넷에서 중국인이 '爽' 하다고 표현한 사진

'日本 滚 !', '일본은 꺼져라!'

일본은 엄연히 대한민국 영토인 '독도'를 자기들 땅이라고 우긴다. 중국에게도 '钓鱼岛'가 일본 땅이라고 주장하며 심각한 갈등을 초래하고 있다. 그래서 중국 젊은이들은 아예 '日本 滚!(일본은 꺼져라!)'라는 문구를 새긴 티셔츠를 입고 다니기도 한다. 인터넷에서 '爽(시원하다, 통쾌하다)'라고 표현한 사진이다.

*27 搞定 쿨하게 끝내버려

A 我们公司新来的女孩真漂亮。
Wǒmen gōngsī xīn lái de nǚhái zhēn piàoliang。

B 怎么，喜欢她？
Zěnme, xǐhuān tā?

A 是。
Shì。

B 要不我出面，一周之内绝对帮你搞定。
Yàobù wǒ chūmiàn, yì zhōu zhī nèi juéduì bāng nǐ gǎodìng。

A 우리 회사 신입 여사원 진짜 예뻐.
B 그래서? 좋아하냐?
A 응.
B 그럼 내가 나서지, 일주일 안에 화끈하게 네 걸로 만들어 줄게.

관련 어휘 학습

出面	chūmiàn	동 ①직접 나서다 ②모습을 보이다
绝对	juéduì	부 반드시, 완전히 형 절대(의), 아무런 조건 없는

| 용어해설 |

쿨하게 끝내버려

8, 90년대 광동 지역에서 유입된 말이다. 기본적인 뜻은 '어떤 일(임무)을 잘 끝내다'인 '办好(bànhǎo)', '办成(bànchéng)'과 같으나 느낌은 '화끈하게 끝내버리다'의 의미가 강하다.

*28 哇噻 오 예!

A 这是我新买的房子。
Zhè shì wǒ xīn mǎi de fángzi。

B 哇噻！是别墅啊。
Wāsài! shì biéshù a。

A 没错。怎么样？你来做女主人吧？
Méi cuò。zěnmeyàng? Nǐ lái zuò nǚzhǔrén ba?

B 这么赤裸裸啊。不好意思。
Zhème chìluǒluǒ a。Bùhǎoyìsi。

A 이 집이 내가 새로 산 집이야.
B 오 예! 별장이잖아!
A 그래, 어때? 여주인이 되어줄래?
B 너무 속 보이잖아, 쪽 팔리게스리.

관련 어휘 학습

别墅	biéshù	명 별장
赤裸裸	chìluǒluǒ	형 알몸이다, 옷을 입지 않다
		(조금도 감추거나 속이는 것이 없음을 비유함)

| 용어해설 |

오 예!

광동 지역에서 유입된 말로 최근 중국 젊은이들이 상용하는 감탄사이다. 과장이 심한 뉘앙스를 띠고 있으며 경박한 느낌 때문에 중년 이상 연배의 사람들은 사용하지 않는다.

*29 飙车 폭주

A 昨天快吓死我了。
Zuótiān kuài xiàsǐ wǒ le。

B 怎么了?
Zěnme le?

A 两个公交车司机飙车, 跟好莱坞电影似的。
Liǎng ge gōngjiāochē sījī biāochē, gēn hǎoláiwū diànyǐng shì de。

B 俩人没下车打起来就不错了。
Liǎ rén méi xiàchē dǎ qǐlái jiù búcuò le。

A 어제 나 놀라 죽는 줄 알았다.
B 왜?
A 버스기사 둘이서 꼭 헐리우드 영화처럼 미친 듯이 차를 모는 거야.
B 둘이 내려와 치고 박고 안 싸운 것만도 다행이다.

관련 어휘 학습

公交车	gōngjiāochē	명 버스
司机	sījī	명 운전사
好莱坞	Hǎoláiwū	명 헐리우드(Hollywood)

| 용어해설 |

폭주

'飙车(biāochē)'는 두 가지 의미가 있다. 하나는 한 밤중에 혼자 차를 몰고 대로를 폭주한다는 것이고, 둘째는 두 사람이 신경전을 벌이며 경주하듯 속도전을 벌이는 것을 말한다. 요즘 중국에서는 버스 운전기사들이 한 밤중에 서로 앞서거니 뒷 서거니 하며 속도전을 벌이다 교통사고를 냈다는 뉴스가 심심찮게 보도된다. 무단횡단을 많이 하는 중국에서 밤에는 버스를 조심해야 할 필요가 있다.

*30 烦着呢 짜증 지대로다

A 哎，今天怎么一直不说话啊？
Ai, jīntiān zěnme yìzhí bù shuōhuà a?

B 别理我，烦着呢。
Bié lǐ wǒ, fánzhe ne。

A 怎么了？烦什么呢？
Zěnme le? Fán shénme ne?

B 什么都烦。没钱，没房子，没老婆。烦死了。
Shénme dōu fán。Méi qián, méi fángzi, méi lǎopo。Fánsǐ le。

A 어이. 오늘 어째서 아무 말이 없니?
B 상관하지 마, 짜증나니까.
A 왜 그래? 뭐가 짜증나?
B 전부 다. 돈 도 없고, 집도 없고, 마누라도 없고, 짜증나 죽겠어.

관련 어휘 학습

理	lǐ	명 도리, 이치, 사리
		동 ①관리하다, 처리하다 ②정리하다, 다스리다, 가지런하게 하다 ③상대(상관)하다, 거들떠보다, 아랑곳하다(주로 부정문에 쓰임)
烦	fán	형 ①답답하다, 괴롭다 ②번거롭다, 귀찮다, 성가시다
		명 번민, 걱정

| 용어해설 |

짜증 지대로다
베이징의 유명한 작가 王朔(Wáng Shuò)의 작품 속에 등장한 말로 90년대를 풍미했던 유행어이다. 당시 많은 사람들이 뒷면에 '别理我，烦着呢(상관하지마, 짜증나니까)'를 새긴 티셔츠를 입고 다녔다. 이는 개혁·개방이후 중국인들의 조급함과 불안감을 보여주는 독특한 풍경이었다. 개혁·개방으로 인해 잘 먹고 잘 사는 사회가 되었지만 갑작스런 사회의 변화가 사람들에게 많은 스트레스로 작용했음을 보여주는 유행어이다.

*31 找不着北 뭐가 뭔지 모르겠다

A 昨晚那部电影到底讲什么意思? 我怎么有点儿找不着北的感觉呢?
Zuówǎn nà bù diànyǐng dàodǐ jiǎng shénme yìsi? Wǒ zěnme yǒudiǎnr zhǎobùzháoběi de gǎnjué ne?

B 哈哈。我以为只有我自己看不懂呢。原来你也一样啊。
Haha。Wǒ yǐwéi zhǐyǒu wǒ zìjǐ kàn bùdǒng ne。Yuánlái nǐ yě yíyàng a。

A 어젯밤에 본 그 영화 도대체 무슨 이야기니?
난 도통 뭐가 뭔지 잘 모르겠어.

B 하하! 난 나만 이해가 안 되는 줄 알았는데 너도 똑 같구나.

Tip

- **영화를 세는 양사 '部'와 '场'의 용법**

영화를 세는 양사로는 '部'와 '场'이 있다. 하지만 둘의 의미는 다르다. '一部电影'은 '영화 한 편'을 말하고, '一场电影'은 '한 차례, 한 회에 방영되는 영화'를 말한다. 그래서 '조조영화'는 '早场电影', '심야영화'는 '夜场电影'이라고 할 수 있지 '早部电影', '夜部电影'이라고 할 수 없다. 또한 "我一共看了 8 部中国电影(나는 전부 8편의 중국 영화를 보았습니다)"는 되지만 "我一共看了 8 场中国电影"이라고 할 수 없다. 양사의 용법은 그때그때 잘 익혀놔야 한다.

| 용어해설 |

뭐가 뭔지 모르겠다

'北'은 방향을 나타낸다. 원래는 "길을 잃었다"는 의미이나 어떤 일에 대해 영문을 모르거나 이해가 되지 않을 때도 많이 쓴다. '不明白', '不懂' 보다 생동감 있는 표현이다.

32 吊胃口 애간장이 탄다

A 明天我们到底去哪儿吃饭啊?
Míngtiān wǒmen dàodǐ qù nǎr chīfàn a?

B 别急。到时候你自然就知道了。
Biéjí。Dàoshíhòu nǐ zìrán jiù zhīdào le。

A 操。吊我胃口啊。
Cào。Diào wǒ wèikǒu a。

A 내일 우리 대체 어디 가서 밥을 먹지?
B 서둘지 마, 때가 되면 자연히 알게 돼.
A 이런 제길, 뜸들이고 있어 !

Tip

- '胃口'와 '口味'의 차이점

'胃口' ①입 맛 ②식욕, 기호, 구미
'口味' ①맛 ②식욕, 흥미, 구미

두 단어의 뜻이 비슷하다. 하지만 용법은 조금 다르다. 예를 들어 "나는 오늘 입맛이 없어"는 "今天我没有胃口"라고 해야지 "今天我没有口味"라고 할 수 없다. 반대로 "이 음식 맛이 아주 좋다"는 "这个菜的口味很好"라고 해야지 "这个菜的胃口很好"라고 할 수 없다. 또한 "중국음식은 내 입맛에 맞아"는 "中国菜吃得很对我的口味"라고 해야지 "中国菜吃得很对我的胃口"라고 할 수는 없다.

| 용어해설 |

애간장이 탄다

듣는 사람의 관심과 주의를 끌기 위해 일부로 어떤 상황이나 결과를 알려주지 않고 뜸들이며 애간장을 태우게 하는 것을 말한다.

*33 倒胃口 구역질난다, 재수 없다

A 昨天真是倒胃口。现在想起来还恶心。
Zuótiān zhēnshì dǎowèikǒu。Xiànzài xiǎng qǐlái hái ěxīn。

B 怎么了?
Zěnme le?

A 吃面包吃出来一根毛发, 而且还是卷的。
Chī miànbāo chī chūlái yì gēn máofà, érqiě háishì juǎn de。

B 我吐。
Wǒ tù。

A 어제 정말 재수 없었어. 지금 생각해도 구역질이 난다.
B 왜?
A 빵을 먹는데 털이 하나 나왔어, 근데 그게 꼬불꼬불한 거 있지.
B 웩!

관련 어휘 학습

根	gēn	양 가늘고 긴 물건을 세는 데 쓰임
毛发	máofà	명 (사람의) 모발, 털과 머리털
卷	juǎn	동 말다, 말아 올리다

| 용어해설 |

구역질난다, 재수 없다

어떤 사람이나 어떤 일로 인해 심리적으로나 생리적으로 몹시 불편함을 나타낸다.

*34 AA制 더치 페이

A 你们家的钱谁管啊?
Nǐmen jiā de qián shéi guǎn a?

B 我们各管各的钱。然后家庭开支AA制, 各付一半。
Wǒmen gè guǎn gè de qián。Ránhòu jiātíng kāizhī AAzhì, gè fù yí bàn。

A 我怎么觉得这不象一家人啊。是不是你想做爱还得给她付钱啊?
Wǒ zěnme juéde zhè bú xiàng yìjiārén a。shìbushì nǐ xiǎng zuò'ài hái děi gěi tā fù qián a?

B 去你的。那是另外一回事。
Qù nǐ de。Nà shì lìngwài yì huí shì。

A 네 집은 누가 돈을 관리하니?
B 우리는 각자 관리하는데 생활비도 각자 반반씩 내.
A 내가 보기엔 꼭 가족이 아닌 것 같다. 넌 네 마누라랑 잘 때도 돈 주고 하냐?
B 이런 젠장, 그거랑은 상관없지.

관련 어휘 학습

管	guǎn	동 관리(管理)하다, 맡다
开支	kāizhī	명 지출, 비용 동 지출하다, 지불하다
付钱	fùqián	돈을 지불하다

| 용어해설 |

더치 페이

우리나라 젊은이들 사이에서는 각자 돈을 내는 것을 'n분의 1', '더치페이'라 한다. 순수 고유어로는 '각추렴', 속된 표현으로는 '뿜빠이"라는 표현도 사용된다. 이를 중국에서는 'AA制'라고 한다. 정확한 유래를 찾기는 힘드나 A자의 모양이 한쪽으로 치우침 없이 대칭을 이루고 있는데서 유래된 것이 아니냐는 설이 있으나 정확히 증명하기는 힘들다. 또한 부부간에도 경제적으로 반반씩 부담하는 것을 'AA制'라고도 한다. '各付各的(gè fù gè de: 각자 부담하다)', '均摊(jūntān: 균등하게 부담한다)'이라고도 한다.

*35 板儿寸 깍두기, 조폭 머리

Ⓐ 现在理板儿寸头的人真不少啊。
Xiànzài lǐ bǎnrcùntóu de rén zhēn bù shǎo a。

Ⓑ 我也很喜欢板儿寸头。看起来很有男人味。
Wǒ yě hěn xǐhuān bǎnrcùntóu。Kànqǐlái hěn yǒu nánrén wèi。

A 요즘 머리 짧게 자르는 사람이 정말 많아.
B 나도 짧고 각진 머리가 좋아, 진짜 남자답잖아.

Tip

- 헤어스타일에 관한 중국어 표현

머리를 깎다: 剪头发(jiǎntóufà), 理发(lǐfà)

파마를 하다: 烫发(tàngfà)

염색하다: 染发(rǎnfà)

윗머리는 놔두고 옆만 살짝 쳐 주세요: 上面不用管, 只修剪一下鬓角就可以
(Shànmian búyòng guǎn, zhǐ xiūjiǎn yíxià bìnjiǎo jiù kěyǐ)

끝만 약간 쳐 주세요: 把底下剪一剪(Bǎ dǐxià jiǎn yi jiǎn)

살짝 손질해 주세요: 稍微修理一下(Shāowēi xiūlǐ yíxià)

| 용어해설 |

깍두기, 조폭 머리

옆과 뒤를 아주 짧게 치고 윗부분은 각지게 하는 헤어스타일. 한국식으로는 일명 깍두기 스타일, 조폭 머리 스타일이거나 해병대 머리 스타일과 비슷하다. 90년대 이후 주로 무직자나 건달 등 사회 하층 계열에서 유행하기 시작하더니 사회 전반으로 확산되었다. 남자다운 강한 느낌을 주는 스타일로 젊은이들에겐 유행이지만 중년이상 남성들은 별로 선호하지 않는 스타일이다. 보이룩 스타일이 유행인 중국에서 예전 한국 여가수 춘자처럼 보이시한 스타일을 추구하는 여성들도 일부 이런 머리를 한다.

*36 扯平了 셈셈이다

A 我说你站好啊。你踩疼我了。
Wǒ shuō nǐ zhàn hǎo a。Nǐ cǎiténg wǒ le。

B 对不起。
Duìbùqǐ。

A 说对不起就完了? 我也踩你一下。好, 这下扯平了。
Shuō duìbùqǐ jiù wán le? Wǒ yě cǎi nǐ yíxià。Hǎo, zhè xià chěpíng le。

B 你这人太不讲理了。
Nǐ zhè rén tài bù jiǎnglǐ le。

A 내가 당신더러 잘 서 있으라 했죠. 내 발을 밟았잖아.

B 미안합니다.

A 미안하다면 답니까? 나도 한 번 밟아야겠소.
자, 이젠 셈셈이요.

B 이 사람 정말 너무 하구만.

관련 어휘 학습

讲理	jiǎnglǐ	동 이치를 따지다, 도리를 알다
踩	cǎi	동 밟다, 발에 힘을 주어 밟다
扯平	chěpíng	동 ①고르게 하다, 평평하게 하다, 펴다 ②평균하다 ③조정하다, 화해시키다

| 용어해설 |

셈셈이다

'공평하다'는 뜻으로 한국에서의 '셈셈(Same Same)'과 같은 뜻이다. '两清了(liǎng qīng le)'라고 도 한다.

*37 放鸽子 바람 맞추다

A 昨天见到那个网友了吗?
Zuótiān jiàndào nàge wǎngyóu le ma?

B 没有。让人放鸽子了。这个王八蛋。
Méiyǒu。Ràng rén fànggēzi le。Zhège wángbādàn。

A 可能人家看到你觉得不合适，所以就撤了呗。
Kěnéng rénjiā kàndào nǐ juéde bù héshì, suǒyǐ jiù chè le bei。

B 你能不能给我闭嘴!
Nǐ néng bu néng gěi wǒ bìzuǐ。

A 어제 그 채팅 친구 만났니?
B 아니, 바람 맞았어, 이 나쁜 새끼.
A 아마 그 사람이 널 보고 아니다 싶어서 그냥 갔나보다.
B 너 주둥이 안 닥칠래?!

관련 어휘 학습

王八蛋	wángbadàn	명 〈욕설〉 개자식, 못난 놈
撤	chè	동 ①물러나다, 철수하다 ②제거하다, 없애다 ③(맛·분량 따위를) 줄이다
闭嘴	bìzuǐ	입을 다물다

| 용어해설 |

바람 맞추다

약속 시간을 지키지 않거나 통보 없이 약속을 취소하는 것, 즉, 상대방을 바람 맞추는 것을 '放鸽子(fànggēzi)'라고 한다.

*38 露怯 무식한 것 표 낸다

A 昨天那家餐厅的粉丝汤真好喝啊。
Zuótiān nàjiā cāntīng de fěnsītāng zhēn hǎohē a。

B 露怯了吧? 那是鱼翅! 什么粉丝汤!
Lòuqiè le ba? Nà shì yúchì! Shénme fěnsītāng!

A 啊。真的? 我差点儿向人家小姐多要了一碗。
ā Zhēnde? Wǒ chàdiǎnr xiàng rénjiā xiǎojie duō yào le yì wǎn。

B 真那样的话买单的人就烦死你了。
Zhēn nàyàng de huà mǎidān de rén jiù fǎnsǐ nǐ le。

A　어제 그 식당에서 먹은 잡채탕 진짜 맛있더라.
B　무식한 거 표 내냐? 그게 샥스핀이지 무슨 잡채탕이야?
A　어! 정말? 나 하마터면 아가씨한테 한 그릇 더 달라고 할 뻔했는데.
B　진짜 그랬으면 밥 사는 사람이 진짜 열 받았겠다.

관련 어휘 학습

粉丝	fěnsī	명 ①녹말로 만든 당면 ②Fans
鱼翅	yúchì	명 상어 지느러미, 샥스핀
差点儿	chàdiǎnr	부 하마터면, 자칫하면
		형 (품질, 실력 등이) 조금 처지다, 약간 뒤처지다
碗	wǎn	양 그릇, 사발, 공기 또는 그런 모양의 물건을 세는 단위
		명 주발, 그릇

| 용어해설 |

무식한 것 표 낸다.

다른 사람 앞에서 자기도 모르게 무식함과 단점을 드러내는 것을 '露怯(lòuqiè)'라고 한다. '出洋相(chūyángxiàng)', '丢人现眼(diūrénxiànyǎn)'이라고도 한다.

*39 下海 장사하다, 사업하다

A 听说老王也下海了。
Tīngshuō Lǎo Wáng yě xiàhǎi le。

B 不会吧? 他适合经商吗?
Bú huì ba? Tā shìhé jīngshāng ma?

A 这年头, 只有想不到, 没有做不到!
Zhè niántóu, zhǐyǒu xiǎng búdào, méiyǒu zuò bú dào。

A 라오왕도 사업한다며?
B 설마? 라오왕이 사업 잘 하겠냐?
A 요즘 시대에 생각이 못 미쳐서 문제지 못 할게 뭐가 있어?

관련 어휘 학습

适合	shìhé	동 ①적절하다, 적합하다 ②우연히 맞아 떨어지다
经商	jīngshāng	동 상업을 경영하다, 장사를 하다
年头	niántóu	명 ①해, 년, 햇수 ②여러 해, 오랜 기간 ③시대, 세월, 세상

| 용어해설 |

기업으로 직장을 옮기다

'下海'는 원래 '바다로 흘러들어 간다.'는 뜻으로, 조직폭력배에 들어가거나 양반집 규수가 기생이 되는 등 '좋지 않은 상황으로 전락하거나 무모한 일을 하는 것'을 가리켰다. 그러나 80년대 말부터 정부기관 공무원이나 대학 교수, 연구소 기술자들이 안정적인 직업을 과감히 버리고 위험부담은 크지만 큰돈을 벌 수 있는 사업을 하거나 외국 또는 합작기업으로 직장을 옮기는 등 '무한경쟁사회에 뛰어든다.'는 의미로 바뀌었다.

40 叫板 대들다, 기어 탄다

A 小张太猛了。昨天跟王经理大吵了一架。
Xiǎo Zhāng tài měng le。Zuótiān gēn Wáng jīnglǐ dà chǎo le yí jià。

B 是够猛的。我在公司这么多年，第一次看到敢跟王经理叫板的人。
Shì gòu měng de。Wǒ zài gōngsī zhème duō nián, dì yī cì kàndào gǎn gēn Wáng jīnglǐ jiàobǎn de rén。

A 샤오장 진짜 무섭더라. 어제 왕 사장님이랑 엄청 크게 싸웠어.

B 진짜 무섭게 싸우더라. 내가 회사에 이렇게 오래 다녔어도 감히 왕 사장님한테 대드는 사람은 처음 봤다.

관련 어휘 학습

猛	měng	형 ①맹렬하다, 극렬하다, 사납다, 세차다 ②용감하다, 용맹하다 ③(힘이) 세다, 강하다 부 돌연히, 갑자기, 급히, 홀연히
经理	jīnglǐ	동 경영 관리하다, 경영 처리하다 명 기업의 책임자, 사장, 지배인, 매니저
吵架	chǎojià	동 다투다, 말다툼하다, '주먹질하며 싸우는 것'은 '打架(dǎjià)'

| 용어해설 |

대들다, 기어 탄다.

사회적으로 지위가 낮은 사람이 지위가 높은 사람에게 대들거나 권위에 도전하는 것을 '叫板'이라고 한다.

*41 一根筋 고지식한 사람, 고집불통

A 老李还在复习功课准备考研究生吗?
Lǎo Lǐ hái zài fùxí gōngkè zhǔnbèi kǎo yánjiūshēng ma?

B 对啊。都考了8回了, 也没考上。
Duì a。dōu kǎo le bā huí le, yě méi kǎoshàng。

A 这人真是个一根筋啊。
Zhèrén zhēnshì ge yìgēnjīn a。

B 是啊。老婆孩子真可怜。
Shì a。Lǎopo háizi zhēn kělián。

A 라오리는 아직도 대학원 시험 준비하니?
B 그래, 8번 쳐서 다 떨어졌데.
A 그 친구 정말 고집불통이구먼.
B 그러게 말이야. 마누라랑 애들이랑 진짜 불쌍해.

관련 어휘 학습

复习	fùxí	명 복습 동 복습하다
功课	gōngkè	명 수업, 공부, 학과목
研究生	yánjiūshēng	명 대학원생. 연구생
可怜	kělián	형 가련하다, 불쌍하다 동 동정하다

| 용어해설 |

고지식한 사람, 고집불통

고집 세고 다른 사람 충고 안 듣고 자신의 입장이나 견해를 쉽게 바꾸지 않는 사람을 '一根筋(yìgēnjīn)'이라고 한다. '认死理(rènsǐlǐ)'라고도 한다.

*42 非典 SARS

A 非典的时候你每天干什么?
Fēidiǎn de shíhòu nǐ měitiān gàn shénme?

B 哪儿都不能去, 就躲家里看电视。
Nǎr dōu bù néng qù, jiù duǒ jiā lǐ kàn diànshì。

A 怪不得胖成这样了。
Guàibùdé pàngchéng zhèyàng le。

B 去你的。哪壶不开提哪壶。
Qù nǐ de。nǎ hú bù kāi tí nǎ hú。

A 哈哈。
Haha。

A 사스가 한창일 때 너 매일 뭐 했니?
B 아무데도 안 가고 집에 틀어 박혀 TV만 봤어.
A 그래서 살이 이렇게 쪘구나.
B 이런 씨, 넌 꼭 싫은 소리만 골라한다니까.
A 하하

관련 어휘 학습

典型	diǎnxíng	형 전형적인, 대표적인 명 전형적인 인물, 사건
肺炎	fèiyán	명 〈의학〉 폐렴
躲	duǒ	동 숨다, 피하다.
怪不得	guàibude	부 어쩐지 동 나무랄 수 없다, 탓할 수 없다
哪壶不开提哪壶	nǎ hú bù kāi tí nǎ hú	남이 듣기 싫은 소리,
		남의 약점만을 들추어내어 지적하는 것
		베이징 사람들이 많이 쓰는 말이다

| 용어해설 |

SARS

사스(SARS)의 중국정식 명칭은 '非典型肺炎(fēidiǎnxíngxìngfèiyán)'이다. '전형적이지 않은 폐렴'이란 뜻으로 줄여서 '非典(fēidiǎn)'이라고 한다.

광고 카피 해설 1

• 사스 관련 공익 광고

无言感激(Wúyán gǎnjī): 말할 수 없이 감사합니다.

向抗非典战斗在一线的医护工作人员致敬!
Xiàng kàng fēidiǎn zhàndòu zài yíxiàn de yīhù gōngzuò rényuán zhìjìng
사스 퇴치의 제일선에서 일한 의료진에게 깊은 경의를 표합니다.

광고 카피 해설 2

• 사스 관련 유머 문구

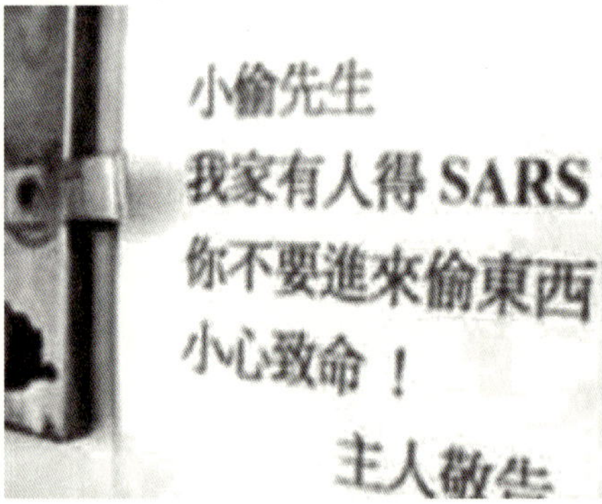

小偷先生
Xiǎotōu xiānsheng
도둑 선생님

我家有人得SARS
Wǒ jiā yǒurén dé SARS
우리집에 누가 사스에 걸렸어요.

你不要进来偷东西
Nǐ búyào jìnlái tōu dōngxi
들어와서 물건 훔쳐가지 마세요.

小心致命!
Xiǎoxīn zhìmìng
죽을 수도 있으니 조심하세요.

主人敬告
zhǔrén jìnggào
삼가 주인 알림

*43 翠花上酸菜 중국판 '내 이름은 김삼순'

A 最近怎么到处都能听到 '翠花上酸菜'啊。
Zuìjìn zěnme dàochù dōu néng tīngdào 'Cuìhuāshang suāncài' a。

B 一阵风。流行的东西就是这样。
Yízhènfēng。Liúxíng de dōngxi jiù shì zhèyàng。

A 好象真的能闻到酸酸的味道一样。
Hǎoxiàng zhēnde néng wéndào suānsuānde wèidao yíyàng。

A 최근 들어 어딜 가던지 '翠花上酸菜'를 들을 수 있어.
B 한때지. 유행이라는 게 다 그래.
A 그래도 진짜 시큼한 냄새가 잘 정도라니까.

관련 어휘 학습

翠花	cuìhuā	명 비취 비녀
酸菜	suāncài	명 더운물에 데쳐 시큼하게 발효시킨 채소, 짠지
相聲	xiàngsheng	명 중국식 만담
雷锋	Léi Fēng	레이펑(1940-1962), 중화인민공화국 인민 영웅의 한 사람
一阵风	yízhènfēng	배유 경과 시간이 매우 짧다.
流行	liúxíng	명 유행, 성행 동 유행하다, 넓게 퍼지다, 널리 행해지다
闻	wén	동 (코로) 냄새를 맡다 명 소식, 뉴스(news), 소문
酸	suān	형 (맛, 냄새 등이) 시다, 시큼하다
味道	wèidao	명 ①맛 ②흥미, 재미, 느낌 ③냄새

| 용어해설 |

중국판 '내 이름은 김삼순'

2003년 중국에서 대단히 유행했던 노래《东北人都是活雷锋(Dōngběirén dōushì huó Léi Fēng: 동베이 사람들은 모두 살아있는 레이펑입니다.)》의 한 구절이다. '翠花(cuìhuā: 주인공인 시골 여성 이름)'와 '酸菜(suāncài: 짠지)'뜻으로 촌스런 시골여성 '翠花'와 서민적인 '동베이(东北)' 전통 음식 '짠지'를 결합시켰다. 우리나라 드라마와 비교하자면 '내 이름은 김삼순'과 비슷한데 '삼순이와 김치' 이런 의미가 된다. 게다가 '相聲(xiàngsheng: 중국식 만담)'의 고향인 구수하고 유머러스한 东北사투리를 사용해 불러 한 동안 대단한 인기를 끌었다.

Tip

- 翠花上酸菜 뮤지컬 포스터

*44 洗桑拿 중국 사우나에선 매춘도

A 昨天和朋友去了一家桑拿房。
Zuótiān hé péngyou qù le yì jiā sāngnáfáng。

B 怎么样?
Zěnmeyàng?

A 不错。就是小姐长得一般。
Búcuò。Jiù shì xiǎojie zhǎngde yìbān。

B 谁问你这个了? 色鬼!
Shéi wèn nǐ zhège le? Sèguǐ

A 어제 친구랑 사우나 갔다 왔어.
B 어땠어?
A 좋던데. 근데 아가씨들 생긴 게 그저 그랬어.
B 누가 그걸 물었냐? 색골 같으니라고.

관련 어휘 학습

三温暖	sānwēnnuǎn	명 사우나
洗浴中心	xǐyùzhōngxīn	목욕탕
色鬼	sèguǐ	명 호색가(好色家), 색마(色魔)

| 용어해설 |

중국 사우나에선 매춘도

영어 'SAUNA'의 음역이 '桑拿(sāngná)'이다. 타이완에서는 '三温暖(sānwēnnuǎn)'이라고 한다. 중국은 지금 사우나 열풍인데 '洗浴中心(xǐyù zhōngxīn)'이라고도 한다. 중국 사우나에서는 서비스의 종류가 가지각색인데 사우나, 안마, 노래방, 식당 등 복합 휴식 공간 역할을 한다. 단, 점점 많은 사우나에서 매춘이 공공연하게 이루어져 성매매 단속 시 집중 단속 대상 1호로 꼽힌다.

Tip

• 중국 사우나의 이상한 안마사들

중국 사우나에선 전신안마, 발안마, 경락안마, 두부(頭部)안마 등 다양한 안마 서비스가 있다. 그런데 퇴폐사우나업소에선 수영복만 입은 젊은 여성들을 골라 안마를 받는다고 한다. 안마사와 수영복은 전혀 어울리지 않지만 어떠한 서비스가 이루어지는지 안 봐도 알 수 있을 것 같다. 이 사진들은 중국 사이트에 돌아다니는 것으로 누군가가 몰래 찍었다고 한다.

45 打小报告 뒤에서 남을 헐뜯다, 뒷담화 까다

A 好象谁又跟领导打了我们的小报告。
Hǎoxiàng shéi yòu gēn lǐngdǎo dǎ le wǒmen de xiǎobàogào。

B 怎么了?
Zěnme le?

A 我们最近开玩笑说的很多话领导都知道了。
Wǒmen zuìjìn kāiwánxiào shuō de hěn duō huà lǐngdǎo dōu zhīdào le。

B 是吗? 真他妈的卑鄙。
Shì ma? Zhēn tāmāde bēibì。

A 누군가 또 사장한테 우리 뒷담화를 깠나봐?
B 어떻게?
A 우리가 요즘 농담으로 했던 말들 사장이 다 알고 있데.
B 이런 젠장, 치사하게 말이야.

관련 어휘 학습

领导	lǐngdǎo	명 리더(leader), 우두머리 동 이끌다, 통솔하다, 지도하다
卑鄙	bēibǐ	형 (말, 행동이) 악랄하다, 부도덕하다

| 용어해설 |

뒤에서 남을 헐뜯다, 뒷담화 까다.

사석에서 윗사람에게 친구나 동료를 험담하는 것을 '打小报告(dǎ xiǎo bàogào)'라고 한다. 중국인들은 이런 사람을 '小人"이라고 한다. 근데 중국에서도 이런 사람이 오히려 상사에게 더 총애를 받아 더 빨리 승진하는 경우가 많아 '打小报告'하기를 좋아하는 사람에게 함부로 하지 못하는 현상이 많다고 한다. 어느 나라 사회든 다 비슷한 것 같다.

*46 方便 볼일보다

A 你先吃，我去方便一下。
Nǐ xiān chī, wǒ qù fāngbiàn yíxià。

B 太恶心了吧。我还怎么能有胃口！
Tài ěxīn le ba。Wǒ hái zěnme néng yǒu wèikǒu!

A 那有什么？是小便不是大便。
Nà yǒu shénme? shì xiǎobiàn bú shì dàbiàn。

B 快滚！
Kuài gǔn!

A 너 먼저 먹어. 난 볼 일 좀 보고 올게.
B 에이 구역질나게. 입 맛 떨어지게 말야.
A 뭐가 어때서. 똥도 아니고 오줌인데.
B 빨리 꺼져.

관련 어휘 학습

胃口	wèikǒu	명 ①식욕 ②위 ③흥미, 구미
小便	xiǎobiàn	명 소변, 오줌 동 소변을 보다, 오줌 누다
大便	dàbiàn	명 대변, 똥 동 대변을 보다, 똥을 누다

| 용어해설 |

볼일보다

화장실에 볼 일 보러 간다는 의미다. 비슷한 표현으로 '上一号(shàng yíhào)', '上小号(shàn xiǎohào)', '解手(jiěshǒu)' 등이 있다.

Tip

• '方便'에 관한 유머

一个漂亮女生与一个潇洒男生约会于公园。忽然, 男生有些局促不安。
Yí ge piàoliang nǚshēng yǔ yí ge xiāosǎ nánshēng yuēhuì yú gōngyuán, hūrán nánshēng yǒuxiē jú cù bù ān

女生问: "你怎么了?"
Nǚshēng wèn: Nǐ zěnme le

男生不好意思地说: "我要方便方便"
Nánshēng bù hǎo yìsi de shuō: Wǒ yào fāngbiàn fāngbiàn

女生不解, 只见男生向公共厕所走去, 方知 '方便' 就是上厕所。
Nǚshēng bù jiě, zhǐ jiàn nánshēng xiàng gōnggòngcèsuǒ zǒu qù, fāng zhī fāngbiàn jiù shì shàng cèsuǒ

过了一会儿, 女生问男生: "你什么时候到我那里去玩?"
Guò le yí huìr, nǚshēng wèn nánshēng: Nǐ shénmeshíhòu dào wǒ nàli qù wán

男生: "我想在你方便的时候去"
Nánshēng: Wǒ xiǎng zài nǐ fāngbiàn de shíhòu qù

女生: "你这个变态!!"
Nǚshēng: Nǐ zhè ge biàntài

男生: "?!? !!!! ? ? ?"

예쁜 여학생이랑 잘 생긴 남학생이 공원에서 데이트를 하고 있었다. 갑자기 남학생이 안절부절 못하자 여학생이 물었다.

여학생: "왜 그래요?"

남학생이 부끄러워하며

남학생: "잠시 실례 좀 하고 오겠습니다."

여학생은 그게 무슨 말인지를 모르고 남학생이 공중변소를 가는 거만 보고 '方便'이라는 게 바로 화장실 가는 거라는 것을 알게 되었다.

좀 있다 여학생이 남학생한테 물었다.

여학생: "언제 나한테 놀러올 거예요?"

남학생: "그 쪽이 편할 때 가도록하죠"

여학생: "이 변태 !"

남학생: "?!? !!!! ? ? ?"

Tip

• 화장실에 관한 다양한 중국어 표현

"화장실 어디 있습니까?" 정말 너무나 중요한 말이다. "Natural Call Me" 때는 남녀노소, 대통령이든 미스코리아든 간에 자연 앞에서는 무기력하기에 중국 갈 땐 반드시 배워두어야 할 말이다. 중국어를 배우는 사람들이 가장 많이 쓰는 것이 "厕所在哪儿(cèsuǒ zài nǎr)"이다. 이 표현도 괜찮다. 하지만 이 '厕所'란 말이 우리말 '변소(便所)'처럼 직설적이진 않지만 그래도 고급 용어는 아니다.

우리도 사교모임에서나 남녀간의 모임에서 교양 없게 '변소 좀 갔다 오겠습니다'라고는 잘 하지 않는다. 그러니 이왕이면 '卫生间(wèishēngjiān)', '洗手间(xǐshǒujiān)', '化装室(huàzhuāngshì)'란 단어를 쓰는 게 좋다. 특히 '卫生间', '洗手间'이 가장 보편적이고 또 발음하기도 훨씬 낫다. 그런데 막상 '洗手间', '化装室'를 써 보면 가끔 황당한 경우를 겪게 된다.

대도시에서야 화장실에서 용변도 보고 손도 씻고 하는 게 당연하지만 좀 시골이나 남루한 식당에 가서 "洗手间在哪儿?"하면 주방에 손 씻는 곳으로 데려간다거나 아니면 없다고 한다. 말 그대로 '손 씻는 곳'으로 이해하는 것이다. 그럴땐 "아! 변소가 없구나"하고 당황하지 말고 '厕所', '卫生间'이라고 이야기해라. 그럼 진짜 변소로 안내할 것이다.

그런데 우리는 일반적으로 화장실 갈 때에도 '화장실 간다'라는 표현보다는 '잠시 실례하겠습니다.'라고 표현하는 것이 더 예의 있고 격조가 있다고 생각한다. 그러니 남녀간에는 굳이 용변을 연상시키는 구체적 단어보다는 완곡한 표현을 쓰는 것이 좋다. 그래서 '方便'을 써 "我去方便一下(wǒ qù fāngbiàn yíxià)" 등의 표현을 쓰는 것이 좋다. 또한 우리말에서 '방편'은 '경우에 따라 일을 쉽게 치룰 수 있는 수단과 방법. 즉, 임시방편'이란 뜻으로 쓰이니 같은 한자라도 유의해야 할 어휘다.

위의 유머에서는 남학생이 여학생에게 "당신이 편할 때(方便) 놀러가겠다"고 한 것을 교양 없고 무지한 여학생이 "당신이 변 볼 때 놀러가겠다"라고 이해했으니 '변태'라는 소리를 들은 것이다.

광고 카피 해설 1

- 중국 長春(Chángchūn)의 어느 식당 화장실

快樂間(kuàilèjiān): 즐거운 곳

우리말 '快樂'은 안 좋은 의미로 사용되지만 중국어에서는 아주 즐겁다는 뜻이다. 우리나라에도 해우소(解憂所: 고민을 해결해 주는 곳)이란 표현을 쓰는데 고민 해결을 떠나 즐거움을 주는 곳이니 절로 웃음이 나게 한다. 또한 혹 어떤 장소인지 모를까봐 男洗手間(nánxǐshǒujiān)이라고 병기해 준 주인장의 꼼꼼한 배려가 느껴진다. 하지만 이 때문에 재미가 반감되었다.

광고 카피 해설 2

- 중국 上海 중심지의 최첨단 공중화장실

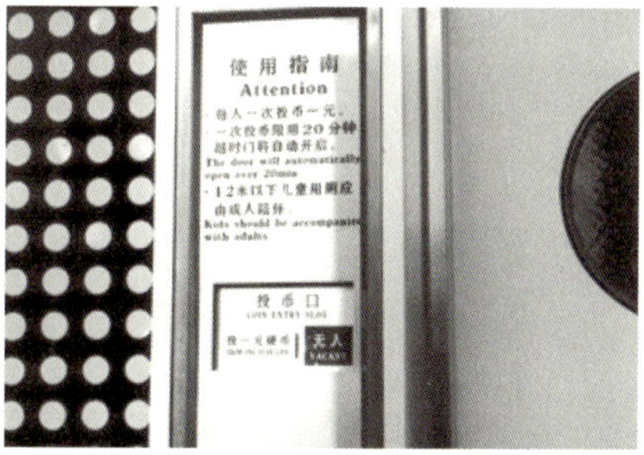

使用指南(shǐyòng zhǐnán: 사용 안내)

每人一次投币一元。
měirén yícì tóu bì yì yuán
1인 1회 사용에 1元을 넣어주십시오.

一次投币限用20分钟，超时门将自动开启。
yícì tóu bì xiànyòng èrshí fēn zhōng, chāo shíjiān jiāng zìdòng kāiqǐ)
1회 사용에 20분간 가능하며 시간 초과 시에는 자동으로 문이 열립니다.

1.2米以下儿童用厕应由成人陪伴
yì diǎn èr mǐ yǐ xià értóng yòng cè yīng yóu chéngrén péibàn
1.2m 이하 아동의 화장실 사용 시 어른들이 동반해 주십시오.

*47 垫背的 누명 쓴 사람

A 听说老王被抓起来了。
Tīngshuō Lǎo Wáng bèi zhuā qǐlái le。

B 真可怜。他其实只是个垫背的，真正的主谋不是他。
Zhēn kělián。Tā qíshí zhǐshì ge diànbèi de, zhēnzhèng de zhǔmóu bú shì tā。

A 官场上的事搞不懂。
Guānchǎngshang de shìqíng gǎo bùdǒng。

B 所以说你傻啊。
Suǒyǐ shuō nǐ shǎ a。

A 라오왕이 잡혀갔데.
B 진짜 불쌍하다. 그 사람 사실 다 뒤집어 쓴 거야.
진짜 범인은 그 사람이 아냐.
A 관리사회란 곳은 참으로 알다가도 모를 곳이야.
B 그러니까 널 보고 바보라 그러지.

관련 어휘 학습

垫背	diànbèi	동 다른 사람을 대신해서 희생하다 명 대신, 희생물
主谋	zhǔmóu	동 주모하다 명 주모자
官场	guānchǎng	명 (나쁜 의미의) 관리사회(주로 관리사회에서 일어나는 갖가지 허위·사기·아첨·알력 등의 특징을 강조하는 말로 사용 됨)

| 용어해설 |

누명 쓴 사람

'替死鬼(tìsǐguǐ)'라고도 한다. 현대중국의 가장 큰 문제는 부정부패인데 상사의 죄를 뒤집어쓰고 대신 복역하는 경우가 많다. 단, 복역 중 가족을 돌봐주고 복역 후 금전적 보상을 받는 경우가 대부분이며 교통사고가 발생했을 때에도 경찰에게 뇌물을 주고 상대방에게 책임을 무는 경우도 많이 발생하고 있다.

*48 宰熟 친한 사람을 속여라

A 这年头越是熟人的东西越不敢买。
Zhè niántóu yuè shì shúrén de dōngxi yuè bù gǎn mǎi。

B 为什么啊?
Wèishénme a?

A 很多人都宰熟。
Hěn duō rén dōu zǎishú。

B 太不地道了啊。
Tài bú dìdao le a。

A 就是啊。你多花了钱, 还欠了他人情。
Jiù shì a。Nǐ duō huāle qián, hái qiàn le tā rénqíng。

A 요즘은 아는 사람이 파는 물건일수록 더 못 믿겠어.
B 왜?
A 아는 사람끼리 서로 속여 먹는 경우가 너무 많아.
B 진짜 못 됐다.
A 그러게 말이야. 돈은 돈대로 많이 쓰고 또 빚진 것처럼 되고 말이지.

관련 어휘 학습

年头	niántóu	명 ①년 ②여러 해(의 시간) ③시대
地道	dìdao	형 ①진짜의, 본고장의 ②순수하다, 제대로다
		③(일의 수준, 재료의 품질 등이) 알차다, 표준에 맞다
欠	qiàn	동 빚지다, 빌려 쓰고 갚지 못하다

| 용어해설 |

친한 사람을 속여라

'宰人(zǎirén)'은 사람을 속여 '폭리를 취한다'는 뜻이다. 그래서 '宰熟(zǎishú)'는 '잘 아는 사람을 속여 폭리를 취한다.'는 뜻으로 의미가 확대되었다. 친척이나 친구의 믿음을 역이용하여 질이 나쁜 물건이나 수량이 모자라는 물품을 정상가보다 더 싸게 주는 척 하며 비싸게 팔아먹는 행위를 '宰熟'한다.

49 爱谁谁 맘대로 해라, 배 째라

A 老刘，你借我的钱到底什么时候还我啊？
Lǎo Liú, nǐ jiè wǒ de qián dàodǐ shénme shíhòu huán wǒ a?

B 要钱没有，要命有一条。
Yào qián méiyǒu, yào mìng yǒu yì tiáo。

A 你这人怎么这样啊？
Nǐ zhèrén zěnme zhèyàng a?

B 我就这样，爱谁谁。
Wǒ jiù zhèyàng。àishéishéi。

A 라오리우, 빌려 간 돈 언제 갚을 거야?
B 돈은 없고 가진 건 목숨뿐이다.
A 너 어째 사람이 그러냐?
B 나 원래 그래. 배 째.

관련 어휘 학습

到底	dàodǐ	부	도대체, 대체 (의문문에 쓰임)
要命	yàomìng	동	①목숨을 빼앗다 ②남을 곤란하게 하다
		형	①심하다, 죽을 지경이다
条	tiáo	양	①가늘고 긴 것. 혹은 가늘고 긴 느낌이 있는 유형·무형의 것 ②여러 개가 모여 하나의 고정된 수량을 가지는 가늘고 긴 막대 모양의 물건 ③항목, 조목

| 용어해설 |

맘대로 해라, 배 째라

어떻게 하든 아무 상관없다는 말로 '随便(suíbiàn)', '无所谓(wúsuǒwèi)', '爱怎么样怎么样(ài zěnmeyàng zěnmeyàng)'이라고도 한다.

*50 老土 촌놈, 촌스럽다

A 现在女孩穿的裤子怎么没有裤腰啊? 一猫腰就能看到屁股了。
Xiànzài nǚhái chuān de kùzi zěnme méiyǒu kùyāo a? Yì māoyāo jiù néng kàndao pìgǔ le。

B 老土了吧? 这叫性感。懂不懂?
Lǎotǔ le ba? Zhè jiào xìnggǎn。dǒng bu dǒng?

A 是吗? 那不穿裤子不是更性感吗?
Shì ma? Nà bù chuān kùzi búshì gèng xìnggǎn ma?

A 요즘 여자애들 입는 바지는 왜 허리가 없는 골반바지래? 허리를 숙이기만 하면 엉덩이가 다 보여.

B 촌스럽기는. 그래야 섹시하지. 뭘 알기는 아니?

A 그래? 그럼 아예 바지를 안 입으면 더 섹시할 것 아냐?

관련 어휘 학습

裤腰	kùyāo	명 바지의 허리
猫腰	māoyāo	(고양이처럼) 허리를 굽히는 것, 숙이는 것
屁股	pìgǔ	명 엉덩이, 힙
性感	xìnggǎn	형 섹시하다
裤子	kùzi	명 바지

| 용어해설 |

촌놈, 촌스럽다

옷차림이나 행동이나 품위 없이 촌스러운 걸 '老土(lǎotǔ)'라고 한다. '农民(nóngmín)', '土气(tǔqì)'라고도 한다.

*51 夜猫子 올빼미, 저녁형 인간

Ⓐ 我真不知道该怎么办才好?
Wǒ zhēn bù zhīdào gāi zěnme bàn cái hǎo?

Ⓑ 怎么了?
Zěnme le?

Ⓐ 我同屋是个夜猫子。天天晚上很晚才睡觉。搞得我老睡不好。
Wǒ tóngwū shì gè yèmāozi。Tiāntiān wǎnshàng hěn wǎn cái shuìjiào。
Gǎode wǒ lǎo shuì bù hǎo。

Ⓑ 这个的确挺麻烦的。
Zhège díquè tǐng máfan de。

Ⓐ 其实我挺喜欢他的。就是这个习惯有点不好。
Qíshí wǒ tǐng xǐhuān tā de。Jiù shì zhège xíguàn yǒudiǎnr bù hǎo。

A 나 진짜 어떻게 해야 될지를 모르겠다.

B 왜?

A 내 룸메이트가 완전 올빼미인데 매일 밤늦게 설치다 잠을 자니 내가 항상 잠을 제대로 못 자.

B 그것 참 성가시겠구나.

A 사실 난 내 룸메이트가 좋아, 근데 이런 스타일은 좀 안 좋아.

| 용어해설 |

밤 고양이, 저녁형 인간

밤이 되면 힘이 솟아나 공부건 일이건, 심지어 모여 노는 것도 밤에만 하는 저녁형 사람들을 '夜猫子'라고 한다. 젊은이들이 주로 '夜猫子'이다.

*52 下课 때려치워라, 그만둬라

Ⓐ CCTV那个主持人大叔怎么还没下课啊?
CCTV nàge zhǔchírén dàshū zěnme hái méi xiàkè a?

Ⓑ 就是啊。我也特烦他。跟个小丑似的, 还自我感觉良好。
Jiùshì a。Wǒ yě tè fán tā。Gēn gè xiǎochǒu shì de, hái zìwǒ gǎnjué liánghǎo。

A CCTV 그 사회자 아저씨 아직도 안 그만뒀냐?

B 그러게 말이야. 난 그 사람 정말 싫거든,
별것도 아닌 게 자기는 지가 되게 잘 난줄 알아.

관련 어휘 학습

主持人	zhǔchírén	명 사회자
小丑	xiǎochǒu	명 괘사 부리며 남을 웃기는 언행을 하는 사람, 하찮은 인간
良好	liánghǎo	형 양호하다, 만족스럽다, 좋다.
似的	shìde	조 비슷하다, (마치) …과 같다 (명사·대사·동사 뒤에 쓰여 어떤 종류의 사물이나 상황과 서로 유사함을 나타냄)
自我	zìwǒ	명 자아, 자기 자신(주로 쌍음절 동사 앞에 쓰여, 행위의 주체가 자기이며 동시에 그 대상도 자기임을 나타냄)

| 용어해설 |

때려치워라, 그만둬라

원래 의미는 '수업을 마치다'이다. 이 말은 四川省(Sìchuānshěng) 모 프로 축구팀 서포터스들에 의해 나온 말이다. 팀의 성적이 너무 좋지 않자 무능한 감독에게 물러나라며 외쳤던 말이 바로 '下课'였다. 그 후 스포츠 감독이나 스포츠 관련 종사자들의 사임은 '下课'가 대명사가 되어버렸다.

*53 十三点 정신나간 놈, 또라이, 바보

A 这个菜怎么做啊?
Zhège cài zěnme zuò a?

B 我来教你吧。先把菜洗干净，再把锅洗干净。
Wǒ lái jiāo nǐ ba。Xiān bǎ cài xǐ gānjìng, Zài bǎ guō xǐ gānjìng。

A 这些还要你废话啊! 十三点!
Zhèxiē hái yào nǐ fèihuà a! shísāndiǎn!

A 이 음식 어떻게 만드는 거니?
B 내가 가르쳐줄게. 우선 야채를 깨끗이 씻고 그 다음 냄비를 깨끗이 씻으면 다 돼.
A 무슨 말도 안 되는 소릴 지껄이는 거야. 또라이 자식!

관련 어휘 학습

干净	gānjìng	형 깨끗하다, 깔끔하다, 하나도 남지 않다.
		동 깨끗한 척하다, 책임을 회피하려고 하다.
废话	fèihuà	명 쓸데없는 말 동 쓸데없는 말을 하다.

| 용어해설 |

정신나간 놈, 또라이, 바보

머리가 좀 모자라고 하는 일마다 상식에 벗어나 엉뚱한 짓을 하는 사람을 '十三点'이라고 한다. 이 말의 기원에 대해선 여러 가지 설이 있는데 가장 보편적인 설은, 시계는 12시까지 밖에 없는데 13시를 가리키며 13번 울려대니 비정상이라는 것이다. 그래서 '十三点'을 정신 나간 사람에게 비유한다. 비슷한 말로는 '二百五'가 있다.

*54 奉子成婚 사고 쳐서 하는 결혼

A 我怎么觉得新娘在婚礼上不是很高兴呢?
Wǒ zěnme juéde xīnniáng zài hūnlǐshang bú shì hěn gāoxìng ne?

B 你不知道吧? 听说他们是奉子成婚。
Nǐ bù zhīdào ba? Tīngshuō tāmen shì fèngzǐchénghūn。

A 你真八卦, 从哪儿听说的?
Nǐ zhēn bāguà, cóng nǎr tīngshuō de?

B 骗你是小狗。大家都知道。
Piàn nǐ shì xiǎogǒu。Dàjiā dōu zhīdào。

A　내가 보기엔 신부가 결혼식 때 별로 안 기뻐하는 것 같더라.
B　너 몰랐니? 걔네들 사고 쳐서 결혼하는 거래.
A　너 진짜 별의 별 소식을 다 안다, 어디서 주워들었니?
B　거짓말하면 내가 개다. 사람들 다 아는 일이야.

관련 어휘 학습

新娘	xīnniáng	명 신부, 새색시
婚礼	hūnlǐ	명 결혼식, 혼례
小狗	xiǎogǒu	명 강아지

| 용어해설 |

사고 쳐서 하는 결혼

결혼 전에 여자가 임신을 하여 어쩔수 없이 하는 결혼을 '奉子成婚(fèngzǐchénghūn)' 또는 '奉子成亲(fèngzǐchéngqīn)'이라고도 한다.

*55 猪头男 별 볼 일 없는 남자

A 我发现美女好象都让猪头男抢走了。
Wǒ fāxiàn měinǚ hǎoxiàng dōu ràng zhūtóunán qiǎngzǒu le。

B 是吗？看来你也可以娶美女了！
Shì ma? Kànlái nǐ yě kěyǐ qǔ měinǚ le!

A 去你的。我是猪头男吗？
Qù nǐ de。Wǒ shì zhūtóunán ma?

B 你觉得你不是吗？
Nǐ juéde nǐ bú shì ma?

A 내 생각에 미녀들은 죄다 별 볼 일 없는 남자들한테 시집가더라.
B 그래? 그럼 너도 미녀랑 결혼하겠네.
A 이런 씨, 내가 별 볼 일 없는 놈이냐?
B 네 생각엔 안 그러냐?

관련 어휘 학습

抢走	qiǎngzǒu	동 강탈하여 도망가다, 빼앗아 가다
发现	fāxiàn	명·동 발견(하다)
猪头	zhūtóu	명 돼지 머리
看来	kànlái	부 보기에, 보니까, 보아하니
娶	qǔ	동 장가가다, 장가들다, 아내를 얻다

| 용어해설 |

별 볼 일 없는 남자

얼굴도 못나고 별다른 재주도 능력도 없는 남자를 가리키는 말이다.

제4부

은밀한 연예계 세상

요지경 연예계 세상을 통해 최신 유행중국어를 알아보자.

*01 潜规则 보이지 않는 규칙, 성상납

A 听说很多女演员出名前都和导演上过床。
Tīngshuō hěn duō nǚ yǎnyuán chūmíng qián dōu hé dǎoyǎn shàngguo chuáng。

B 要想上镜头就得先上床。这是娱乐圈的潜规则。
Yào xiǎng shàng jìngtóu jiù děi xiān shàngchuáng。
Zhè shì yúlèquān de qiánguīzé。

A 要是哪个漂亮的女导演找我玩潜规则就好了。
既舒服又可以成为明星。
Yàoshì nǎge piàoliang de nǚ dǎoyǎn zhǎo wǒ wán qiánguīzé jiù hǎo le。
Jì shūfu yòu kěyǐ chéngwéi míngxīng。

B 你没发烧吧!
Nǐ méi fāshāo ba!

A 많은 여자배우들이 유명해지기 전에 전부 감독들이랑 잔대.

B 출연하려면 꼭 먼저 자야 된다는 거.
그게 바로 연예계의 보이지 않는 규칙이래.

A 만약에 어떤 예쁜 여자감독이 나보고 규칙을 준수하라면 얼마나 좋을까?
즐기고 또 스타도 되고.

B 너 어디 아프냐?

관련 어휘 학습

导演	dǎoyǎn	명 감독 동 (영화나 연극을 찍을 때) 감독하다
镜头	jìngtóu	명 ①(카메라 · 영사기 · 촬영기 따위의) 렌즈 ②장면, 신(scene)
娱乐圈	yúlèquān	연예계
既-又	jì-yòu	접 …할 뿐만 아니라, …하고도
发烧	fāshāo	동 열이 나다, 얼굴이 붉어지다 명 발열

| 용어해설 |

보이지 않는 규칙, 성상납

권력을 가진 사람이 자신의 막강한 권력을 이용하여 상대방과 모종의 교역을 맺을 때 제시하는 규칙을 '潜规则(qián guīzé)'라고 한다. 이 말은 2006년 중국의 여배우 '张钰(Zhāng Yù)'가 유명 감독 '黄健中(Huáng Jiànzhōng)'과 '张纪中(Zhāng Jìzhōng)'에게 성상납을 하였다고 폭로하여 유행하기 시작하였다.

*02 性交易 성상납, 몸 바쳐 연예계 데뷔

A 为什么娱乐圈有那么多女孩愿意和导演上床啊?
Wèishénme yúlèquān yǒu nàme duō nǚhái yuànyì hé dǎoyǎn shàngchuáng a?

B 想成名的人太多, 但演戏的机会太少, 大家只好用性做交易了啊。
Xiǎng chéngmíng de rén tài duō, dàn yǎnxì de jīhuì tài shǎo, dàjiā zhǐhǎo yòng xìng zuò jiāoyì le a。

A 我要是导演的话, 就享艳福了。
Wǒ yàoshì dǎoyǎn de huà, jiù xiǎng yànfú le。

B 小心累死你。
Xiǎoxīn lèisǐ nǐ。

A 연예계 여성들은 왜 그리 감독들한테 몸을 바치려고 난리들이니?
B 유명해 지고 싶은 사람은 너무 많은데 출연 기회는 너무 적잖아.
그러니 오직 몸이라도 바치는 수밖에 없지.
A 내가 만약 감독이라면 진짜 여자 복 많이 누리겠다.
B 그러다 몸 축나 죽는다.

관련 어휘 학습

成名	chéngmíng	동 명성을 얻다, 이름을 알리다
演戏	yǎnxì	동 극을 공연하다, 연기하다
享	xiǎng	동 누리다, 향수하다, 향유하다
艳福	yànfú	명 아름다운 여자가 잘 따르는 타고난 복, 여복(女福)

| 용어해설 |

성상납, 몸 바쳐 연예계 데뷔

요즘 연예계에 진출하기 위해 감독이나 담당 PD와 성관계를 맺었다는 소식과 폭로전이 중국연예계를 후끈 달구고 있다. 중국도 이젠 유명연예인이 되는 것이 부와 명예를 거머쥐는 최상의 방법이라 수단 방법을 가리지 않고 감독과 담당 PD에게 달려든다고 한다.

*03 爆猛料 사생활 폭로

Ⓐ 听说女演员张钰最近又向媒体爆了一个猛料。
Tīngshuō nǚ yǎnyuán Zhāng Yù zuìjìn yòu xiàng méitǐ bào le yí ge měngliào。

Ⓑ 什么猛料?
Shénme měngliào?

Ⓐ 她要公布娱乐圈几位大导演和女演员性交易的录像带。
Tā yào gōngbù yúlèquān jǐ wèi dà dǎoyǎn hé nǚ yǎnyuǎn xìngjiāoyì de lùxiàngdài。

Ⓑ 是吗? 这可真是猛料啊。
Shì ma? Zhè kě zhēn shì měngliào a。

Ⓐ 大家都等着看好戏吧。
Dàjiā dōu děngzhe kàn hǎoxì ba。

A 여배우 张钰가 최근에 또 언론에 큰 거 하나 터뜨렸대.
B 큰 거 어떤 거?
A 장위가 연예계 유명감독들하고 여배우 사이의 성상납 비디오를 폭로할거래.
B 그래? 이거 진짜 큰 거다.
A 우리 같이 어떤 일이 벌어지나 지켜보자.

관련 어휘 학습

媒体	méitǐ	명 매스컴
娱乐圈	yúlèquān	연예계
导演	dǎoyǎn	명 감독 동 (영화나 연극을 찍을 때) 감독하다.
交易	jiāoyì	동 거래하다, 교역하다 명 거래, 장사, 교역(交易)
录像带	lùxiàngdài	명 비디오테이프(videotape)
好戏	hǎoxì	명 ①볼 만한 것, 재미있는 장면, 볼거리 ②좋은 연기, 좋은 연극

| 용어해설 |

사생활 폭로

언론이나 대중에게 큰 반향을 일으킬만한 소식을 폭로하는 것. 일반적으로 연예계와 큰 관계가 있는데 주로 개인의 은밀한 사생활과 관계된 것을 공개하는 것을 말한다. 한국에서 'O양 비디오', 'B양 비디오' 등 같은 것을 '猛料(měngliào: 대단한 자료)'라고 한다.

*04 绯闻 섹스스캔들

A 娱乐圈怎么有那么多绯闻啊?
Yúlèquān zěnme yǒu nàme duō fēiwén a。

B 这很正常啊。俊男美女在一起, 自然容易出事啊。
Zhè hěn zhèngcháng a。Jùnnán měinǚ zài yìqǐ, zìrán róngyì chūshì a。

A 我觉得你勉强也算是一个美女, 要不我们也制造一个绯闻给大家看看?
Wǒ juéde nǐ miǎnqiǎng yě suàn shì yí ge měinǚ, yàobù wǒmen yě zhìzào yí ge fēiwén gěi dàjiā kànkan。

B 但是你好象实在算不上俊男啊。
Dànshì nǐ hǎoxiàng shízài suàn bu shàng jùnnán a。

A 연예계에서는 뭔 그리 섹스스캔들이 많대?

B 정상이지. 미남미녀들이 같이 있는데 자연스레 섹스스캔들이 생길 수 밖에.

A 내가 보기에 너도 억지로 끼워 맞추면 미인이라고 봐 줄 수도 있겠다. 그러니까 우리도 섹스스캔들 하나 만들어 공개해볼까?

B 근데 너는 아무리 봐도 미남은 아니다.

관련 어휘 학습

俊男	jùnnán	미남
勉强	miǎnqiǎng	부 간신히, 억지로 형 마지못하다, 내키지 않다
		동 강요하다

| 용어해설 |

스캔들

'绯(fēi)'는 '红色'이란 의미다. 즉, 주로 연예계 사람들의 섹스스캔들을 '绯闻(fēiwén)'이라 한다. '桃色新闻(táosèxīnwén)', '花边新闻(huābiānxīnwén)'이라고도 한다.

*05 包养 스폰서, 원조 교제

A 当上班族真的好辛苦啊。
Dāng shàngbānzú zhēnde hǎo xīnkǔ a。

B 那你觉得干什么不辛苦?
Nà nǐ juéde gàn shénme bù xīnkǔ?

A 要是有个漂亮的富婆包养我就不辛苦了。
Yàoshi yǒu gè piàoliang de fùpó bāoyǎng wǒ jiù bù xīnkǔ le。

B 哼, 让富婆做你几次你就知道哪个工作更辛苦了。
Hēng, ràng fùpó zuò nǐ jǐ cì nǐ jiù zhīdào nǎge gōngzuò gèng xīnkǔ le。

A 你怎么知道? 是不是你被富婆包养过?
Nǐ zěnme zhīdào? Shì bu shì nǐ bèi fùpó bāoyǎng guò?

B 滚。神经病。
Gǔn。Shénjīngbìng。

A 샐러리맨 생활은 정말 힘들어.
B 그럼 네가 보기엔 어떤 일 하면 안 힘들겠니?
A 만약에 돈 많은 아줌마가 나를 스폰서 해준다면 안 힘들 것 같아.
B 흥, 아줌마 노리개 생활 몇 번 하다보면 그때는 진짜 뭐가 힘든 것인지 알게 될 걸.
A 네가 어떻게 아는데? 너도 아줌마랑 원조교제 해 봤니?
B 꺼져. 미친놈.

관련 어휘 학습

上班族	shàngbānzú	명 샐러리맨(salaryman), 월급쟁이
辛苦	xīnku	고생, 수고 동 고생하다 형 고생스럽다, 수고롭다
富婆	fùpó	돈 많은 늙은 여자

| 용어해설 |

스폰서, 원조 교제

돈 많은 사람들이 남편이나 아내 외에 또 다른 이성을 금전적으로 스폰서하며 상대방의 육체를 독점하는 것을 '包养(bāoyǎng)'이라고 한다. 중국 연예계의 적지 않는 남녀 스타들이 스타가 되기 전에 갑부들의 내연남, 내연녀로 스폰서를 받았다고 한다. 주로 '包养情人(bāoyǎng qíngrén)', '富婆包养(fùpó bāoyǎng)', '被富婆包养(bèi fùpó bāoyǎng)', '娱乐圈包养(yúlèquān bāoyǎng)', '包养大学生(bāoyǎng dàxuésheng)' 등의 언어형식으로 쓰인다.

Tip

- 인터넷 채팅방에서의 包养 흥정 대화

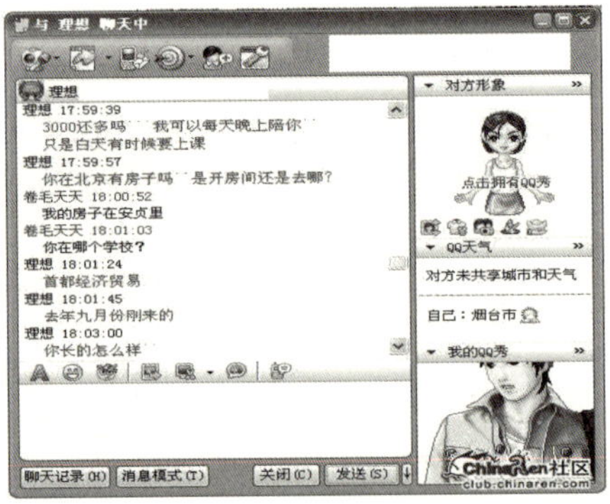

대화 내용 엿 보기

理想: 3000还多吗? 我可以每天晚上陪你, 只是白天有时候要上课。
3000이 많아요? 내가 매일 밤 같이 자주는데. 낮에 가끔씩 수업 가는 거 빼곤.

理想: 你在北京有房子吗? 是开房间还是去哪?
베이징에 집 있어요? 호텔로 가요, 아님 어디로 가요?

卷毛天天: 我的房子在安贞里
: 우리 집은 安贞里에 있어요.

卷毛天天: 你在那个学校?
: 어느 학교 다녀요?

理想: 首都经济贸易
: 수도경제무역대학이요.

理想: 去年九月份刚来的
: 작년 9월에 막 왔어요.

理想: 你长得怎么样?
: 어떻게 생기셨어요?

*06 炒作 스캔들 조작·유포

A 听说饶颖又在网上爆出很多被赵忠祥性虐待的细节。
Tīngshuō Ráo Yǐng yòu zài wǎngshang bàochū hěn duō bèi Zhào Zhōngxiáng xìngnüèdài de xìjié。

B 我觉得这个女人故意在炒作，听说她写了一本书，要出版了，需要引起大家的注意，所以才这样。
Wǒ juéde zhège nǚrén gùyì zài chǎozuò, tīngshuō tā xiě le yì běn shū, yào chūbǎn le, xūyào yǐnqǐ dàjiā de zhùyì, suǒyǐ cái zhèyàng。

A 不过，这个女人真的挺可怜的，跟老赵混了那么多年，最后却一无所获。
Búguò, zhège nǚrén zhēnde tǐng kělián de。Gēn Lǎo Zhào hùn le nàme duō nián, zuìhòu què yìwúsuǒhuò。

B 两个人都不怎么样。臭鱼找烂虾。
Liǎng ge rén dōu bù zěnmeyàng, chòuyúzhǎolànxiā

A 라오잉이 인터넷에 또 자오중샹한테 성 학대당했던 자세한 내용을 폭로했대.

B 내 생각엔 그 여자 일부러 스캔들을 조작·유포하는 것 같아.
그 여자 책을 한 권 냈는데 사람들 관심을 끌기 위해 그러는 거야.

A 근데 그 여자 진짜 불쌍하긴 되게 불쌍하더라.
자오중샹이랑 그렇게 오래 살았는데 아무것도 얻은 게 없데.

B 둘 다 다 그렇지 뭐. 못난 것들은 끼리끼리 만나는 거야.

관련 어휘 학습

爆出	bàochū	동 (상황이나 소식 등이 사람을 놀라게) 갑작스럽게 나타나다
细节	xìjié	명 자세한 부분, 상세한 부분, 자세한 사정(事情)
引起	yǐnqǐ	동 (어떤 사건, 현상, 활동, 주의 등을) 끌다, 야기(惹起)하다
注意	zhùyì	동 주의하다, 조심하다 명 주의, 조심
一无所获	yìwúsuǒhuò	하나도 얻은 것이 없다
臭鱼找烂虾	chòuyú zhǎo lànxiā	썩어 문드러진 물고기는 썩은새우를 찾는다

| 용어해설 |

스캔들 조작·유포

연예인들 중 별로 인기가 없거나 인기가 시들해질 때 대중의 관심과 인기를 끌기 위해 언론매체를 활용 고의로 스캔들을 조작·유포하는 것을 '炒作(chǎozuò)'라고 한다.

광고 카피 해설

- 炒作致胜 – 个性经济时代的商业策略

책 제목이 '炒作致胜(Chǎozuò zhìshèng: 성공하는 소문 조작·유포)', '个性经济时代的商业策略(gèxìng shídài de shāngyè cèluè: 개성 있는 경제시대의 상업 책략)이다. '炒作' 행위가 비열하고 치사한 방법이긴 하지만 상업계에서 적절히 잘 활용하면은 크게 성공할 수도 있다는 내용을 실은 책이다. 심리학적인 측면에서 상업계에서 '炒作'를 잘 활용하는 방법과 사례 등을 다루었다.

*07 超女 Super Girl, 중국판 슈퍼스타 K

A 昨天的超女总决赛你看了吗?
Zuótiān de chāonǚ zǒngjuésài nǐ kàn le ma?

B 看了。你最喜欢哪个歌手?
Kàn le。Nǐ zuì xǐhuān nǎge gēshǒu?

A 我最喜欢最后上场的那个。我觉得她很豪放。
Wǒ zuì xǐhuān zuìhòu shàngchǎng de nàge。Wǒ juéde tā hěn háofàng。

B 你这么喜欢豪放女, 想必你老婆也是个豪放女吧。
Nǐ zhème xǐhuān háofàngnǚ, xiǎngbì nǐ lǎopó yě shì ge háofàngnǚ ba。

A 你老婆才是豪放女呢。滚。
Nǐ lǎopó cái shì háofàngnǚ ne。gǔn。

A 어제 '슈퍼걸' 최종선발전 봤니?
B 봤어, 넌 어떤 가수가 제일 좋았어?
A 난 제일 마지막에 나온 애. 그 여자 되게 괄괄하더라.
B 그렇게 괄괄한 여자가 좋으면 넌 마누라도 되게 괄괄한 여잘 고르겠다.
A 너나 괄괄한 마누라 구해라. 꺼져.

관련 어휘 학습

总决赛	zǒngjuésài	최종선발전
上场	shàngchǎng	동 무대에 오르다, 경기에 나가다.
豪放	háofàng	형 호방하다, 걸걸하다, 활달하다.

| 용어해설 |

Super Girl

'超女(chāonǚ)'는 '超级女声(chāojínǚshēng)'의 줄임말이다. 2004년 '湖南(Húnán)위성TV'에서 시작한 프로그램으로 뛰어난 실력을 갖춘 가수지망생을 선발하는 대회이다. 2004년-2006년까지 총 세 차례 연말 최종선발전에서 수상을 한 가수로는 '张含韵(Zhāng Hányùn)', '张靓颖(Zhāng Jìngyǐng)', '李宇春(Lǐ Yǔchūn)' 등이 있다. 모두다 지금은 대단한 인기가수가 되었다. 지금도 수많은 가수 지망생들이 이 프로를 가수의 등용문으로 여기고 꿈을 이루기 위해 도전하고 있다.

Tip

- 2004년도 超级女声 2등 수상자 张含韵

- 2007년 超级女声 시안(西安) 대형 콘서트 포스터

*08 粉丝 Fans

A 昨天我看到刘德华来北京了。
Zuótiān wǒ kàndào Liú Déhuá lái Běijīng le。

B 真的吗?
Zhēnde ma?

A 那么多狂热的粉丝追着他。竟然有个男的上去抱着刘德华就亲。
Nāme duō kuángrè de fěnsī zhuīzhe ta。Jìngrán yǒu ge nánde shàngqù bàozhe Liú Déhuá jiù qīn。

B 我晕。那刘德华怎么办的?
Wǒ yūn。Nà Liú Déhuá zěnme bàn de?

A 他能怎么办! 只好让人家吃豆腐啊。
Tā néng zěnme bàn! Zhǐhǎo ràng rénjiā chī dòufu a。

A 어제 유덕화가 베이징에 온 걸 봤어.
B 정말?
A 열광적인 팬들이 유덕화를 따라가다가 결국엔 한 남자가 유덕화에게 달려들어 뽀뽀를 했대
B 미치겠다. 그래서 유덕화가 어떻게 했대?
A 뭐 어떻게 하긴 어떻게 해. 그냥 당하는 거지 뭐.

관련 어휘 학습

刘德华	Liú Déhuá	유덕화
狂热	kuángrè	형 미친 듯이 행동하다, 열광적이다, 광신적이다
追	zhuī	동 ①쫓다, 뒤따르다 ②추궁하다, 캐다 ③추구하다
竟然	jìngrán	부 ①결국, 마침내 ②뜻밖에도, 의외로
亲	qīn	동 키스하다, 입을 맞추다, 사랑하다
		명 부모, 친척, 혼인

| 용어해설 |

Fans
영어 'Fans'에서 온 말로 '粉丝(Fěnsī)'의 발음이 'Fans'와 비슷해서 따 온 말이다.

• 실제 중국식 당면 - 粉丝

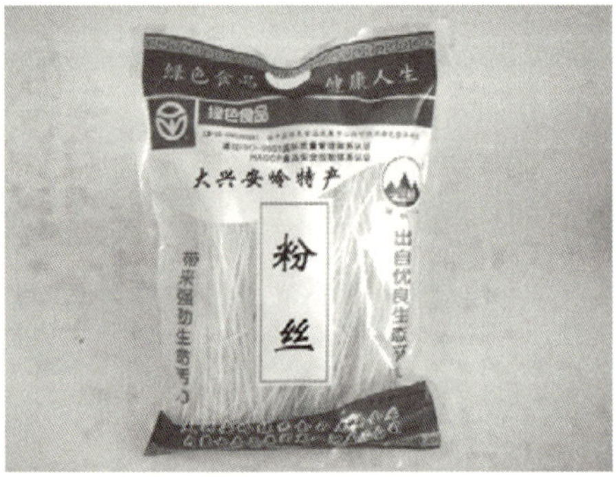

• 영화 甜心粉丝王(SUPER FANS) 포스터

• 영화 명장(중국명: 投名状)에 출연한 刘德华, 李連傑, 金城武

한국에서는 1980년대 후반부터 홍콩연예인들이 대단한 인기를 끌었다. 지금의 한류를 능가할 정도로 홍콩붐이 일었는데 그 중심에 '周潤發(Zhōu Rùnfā)', '劉德華(Liú Déhuá)', '張國榮(Zhāng Guóróng)', '王祖賢(Wáng Zǔxián)', '成龍(Chéng Lóng)' 등이 있었다. 그 당시는 이들을 우리 한자음 그대로 '주윤발', '유덕화', '장국영', '왕조현', '성룡' 등으로 불렀다. 하지만 90년대 후반 중국의 지명과 인명을 원음 그대로 표기한다는 외래어표기법이 제정된 후로 '저우룬파', '류더화', '장궈룽', '왕주셴', '청룽' 등으로 표기하고 있다.

지명과 인명을 원음 그대로 표기하는 외래어 표기법은 현재에도 많은 찬반 양론이 첨예하게 대립하고 있는데 20년이 넘는 세월동안 불러온 친숙한 이들의 이름을 원음 그대로 읽기에는 너무나 어색하다. 국가에서 제정한 외래어 표기법을 지키는 것이 원칙이나 30년 넘게 불러온 '이소룡(李小龍)'과 '성룡'을 '리샤오룽', '청룽'이라 부를 경우 아는 사람이 몇이나 있을까? 그래서 위 포스터에도 '유덕화'라고 우리음 그대로 쓰고 있고 같이 출연한 '李連傑(Lǐ Liánjié)', '金城武(Jīn Chéngwú)'도 '이연걸', '금성무'로 그대로 쓰고 있다.

이에 이 책에서도 그동안 우리 한자음 그대로 불리어졌던 친숙한 중국연예인들은 우리 음 그대로 표기하고 생소한 중국인들은 원음으로 표기하기로 한다.

외래어 표기법이 영어나 일본어는 분명 적절하나 중국의 지명과 인명을 원음 그대로 표기하는 문제는 다시 한 번 깊은 논의가 필요하다고 생각한다.

*09 姐弟恋 연상연하 커플

A 最近娱乐圈玩姐弟恋的人越来越多。
Zuìjìn yúlèquān wán jiědìliàn de rén yuèláiyuè duō。

B 怎么，你也想玩玩？
Zěnme, nǐ yě xiǎng wánwan?

A 我都快当奶奶了，哪有机会当姐姐啊。
Wǒ dōu kuài dāng nǎinai le, nǎ yǒu jīhuì dāng jiějie a。

A 요즘 연예계에 연하남과의 연애가 점점 많아지고 있어.
B 왜? 너도 연하남이랑 사귀고 싶니?
A 이젠 다 늙어가지고 누나란 소릴 들어볼 기회라도 있겠니?

'当'의 여러 가지 용법

'当' dāng
동 ①상당(相當)하다, 필적하다 ②…을 마주 대하다, …을 향하다 ③(직무·책임·역할 등을) 담당하다, 맡다, …이 되다
개 바로 그 시간이나 장소를 가리킬 때 쓰임
의 금속물이나 종, 벨소리 등이 울리는 소리

当兵	dāngbīng	동 군대에 가다	当场	dāngchǎng	명 당장, 즉석(에서), 현장
当初	dāngchū	동 당초, 처음, 이전	当时	dāngshí	명 당시, 그때
当家	dāngjiā	동 집안일을 맡아 처리하다	当啷	dānglāng	의 땡땡, 땡그렁
当然	dāngrán	형 당연하다	当心	dāngxīn	동 조심하다, 주의하다

| 용어해설 |

연상연하 커플

중국에서도 최근 들어 연상연하 커플의 연애가 급속도로 늘고 있다. 중국 연예계의 대표적인 '姐弟恋'이 바로 '王菲(Wáng Fēi)'와 '谢霆锋(XièTíngfēng)'의 연애이다. '王菲'는 1969년 8월 8일생이고 '谢霆锋'은 1980년 8월 29일생이다. 자그만치 11살이나 차이가 난다.

*10 锋菲恋 세팅펑과 왕페이의 사랑

A '锋菲恋' 终于结束了啊。
'Fēngfēilián' zhōngyú jiéshù le a。

B 是啊。报纸上整天在说他们的事。我都烦死了。
Shì a。Bàozhǐshang zhěngtiān zài shuō tāmen de shì。Wǒ dōu fánsǐ le。

A 做名人真的也很不容易。一点儿自己的隐私都没有。
Zuò míngrén zhēnde yě hěn bù róngyì。
Yìdiǎnr zìjǐ de yǐnsī dōu méiyǒu。

A '세팅펑과 왕페이의 사랑'이 마침내 끝났어.
B 그래. 신문에서 하루 종일 걔들 얘기만 나오는데 지겨워 죽을 지경이야.
A 유명인도 참 못 해먹을 짓이다. 조금이라도 개인 사생활이 없으니 말이야.

관련 어휘 학습

结束	jiéshù	동 끝나다, 마치다, 종결하다 명 종결, 종료
隐私	yǐnsī	명 사적인 비밀, 프라이버시
终于	zhōngyú	부 마침내, 결국, 끝내
报纸	bàozhǐ	명 신문

| 용어해설 |

세팅펑과 왕페이의 사랑

'锋(fēng)'은 홍콩 가수 겸 배우 '谢霆锋(XièTíngfēng)'을, '菲(fēi)'는 홍콩 최고의 여가수 겸 배우 '王菲(WángFēi)'를 가리킨다. 1999년 '王菲'는 전남편인 유명 록밴드 '黑豹(hēibào)' 리더 '窦唯(Dòu Wéi)'와 이혼하였다. 그 후 2003년 당시 홍콩 최고 아이돌 스타였던 11살 어린 '谢霆锋'과의 연애설은 전 중화권을 떠들썩하게 했다. 결국 2년 여 만에 헤어지고 '王菲"는 2005년 중국 배우 '李亚鹏(Lǐ Yàpéng)'과 재혼, '谢霆锋'도 홍콩 최고의 청순미녀 '张柏芝(Zhāng Bǎizhī)'와 결혼하였다. 결국 두 사람의 연애와 결혼은 전 중화 연예권을 뒤집어 놓을 정도로 대단한 이슈였다.

Tip

- 王菲와 谢霆锋의 다정한 한 때

- 중국 잡지에 실린 谢霆锋, 张柏芝 부부의 情史(연애사)

홍콩 최고의 슈퍼스타 张柏芝와 谢霆锋이 결혼하기까지 어떤 연예인들과 연애를 하였는지 연도별로 계보를 밝힌 연애사 계보도이다.

11 大嘴巴 입 싼 수다쟁이

A 听说宋祖德最近又拿王菲开涮了。
Tīngshuō SòngZǔdé zuìjìn yòu ná WángFēi kāishuàn le。

B 又说什么了?
Yòu shuō shénme le?

A 他说王菲现在的婚姻最晚到明年就走到头了。
Tā shuō WángFēi xiànzài de hūnyīn zuì wǎn dào míngnián jiù zǒudào tóu le。

B 真是个大嘴巴。惟恐天下不乱。
Zhēn shì ge dàzuǐbā。Wéikǒng tiānxià bú luàn。

A 不过, 他的很多预言都很准。
Búguò, tā de hěn duō yùyán dōu hěn zhǔn。

A 송주더가 최근에 또 왕페이를 조롱했데.
B 또 뭐라고 했는데?
A 왕페이의 지금 결혼생활이 늦어도 내년 말까지 밖에 못 갈 거라고 했어.
B 진짜 말 많은 사람이군. 세상 조용한 걸 못 보는 사람이야.
A 근데 송주더가 한 예언은 대부분 다 들어맞는다더라.

관련 어휘 학습

开涮	kāishuàn	동 희롱하다, 놀리다, 농담을 하다
到头	dàotóu	동 정점에 이르다, 맨 끝에 이르다 부 결국, 마침내
惟恐	wéikǒng	동 다만 …가 두렵다
预言	yùyán	동 예언하다 명 예언
准	zhǔn	형 정확하다 동 동의하다, 허락하다, 허가하다

| 용어해설 |

宋祖德는 누구?

송주더는 왕페이 딸의 친부는 세팅펑이라고 해 법정소송까지 당하기도 했다. 중국 가수 및 제작자이며 연예계의 독설가이자 괴짜이다.

Tip

- 2006년 5월 31일 중국 东魅网 기사

宋祖德轰鹏菲恋 – 王菲所生非李亚鹏的 '种'
(송주더, 세팅펑과 왕페이의 사랑을 공격하다.
– 왕페이가 낳은 아이는 리야펑의 '씨'가 아니다.)

2006年 5月 29日, 宋祖德在北京推出自己的个人单曲《宋祖德--海》。宋祖德在记者会上一开始就大骂 '鹏菲恋'。宋祖德称: "我的单曲早该推出, 就是因为一个37岁的老女人生孩子才打乱了我的计划, 我这段时间天天看报纸, 只有王菲生了, 我才能开发布会, 要不然头版头条全是她的新闻, 我的新闻就没地方放了。" 整个发布会, 宋祖德一直滔滔不绝, 可能是不解气, 宋祖德继续爆料: "王菲生的这孩子绝对不是李亚鹏的 '种', 我敢负责任的说, 李亚鹏这个吃喝嫖赌的人, 是生不出孩子的。"

2006년 5월 29일 송주더는 베이징에서 자신의 싱글앨범 '宋祖德--海'를 발표하였다. 송주더는 기자회견을 하자마자 '세팅펑과 왕페이의 교제'에 대해 욕을 퍼 부었다. 송주더는 "내 앨범은 일찌감치 발표됐어야 하는데 37살 먹은 늙은 여자가 아이를 낳는다는 것 땜에 내 계획이 엉망이 되어버렸다. 매일 신문을 봤는데 왕페이가 아이를 낳아야만 내가 앨범발표회를 열겠더라. 안 그럼 신문 일면이 전부 왕페이의 소식이고 내 소식은 실을 것도 없겠더라."라고 했다. 전체 기자회견 동안 송주더는 끊임없이 말을 토해 내었는데 화가 풀리지 않아서인지 계속해서 다음과 같은 폭로를 하였다. "왕페이가 낳은 아이는 절대로 리야펑의 '씨'가 아닙니다. 내가 충분히 책임질 수 있어 하는 말인데 리야펑은 술 마시고 계집질하고 도박질을 일삼는 사람이라 아이를 낳을 수가 없어요."

12 激情戏 베드신, 섹스신

A 最近电视剧里的激情戏越来越多。
Zuìjìn diànshìjù lǐ de jīqíngxì yuèláiyuè duō。

B 是啊，有时和家人一起看这样的镜头真的很尴尬。
Shì a。Yǒushí hé jiārén yìqǐ kàn zhèyàng de jìngtóu zhēnde hěn gāngà。

A 但是和情人一起看可能不错。
Dànshì hé qíngrén yìqǐ kàn kěnéng búcuò。

B 和情人一起可以看更刺激的三级片，谁有耐心看电视台放的破电视剧。
Hé qíngrén yìqǐ kěyǐ kàn gèng cìjī de sānjípiàn, shéi yǒu nàixīn kàn diànshìtái fàng de pò diānshìjù。

A 看来你经常和情人一起看三级片。
Kànlái nǐ jīngcháng hé qíngrén yìqǐ kàn sānjípiàn。

B 哈哈！我不看别人的三级片。我和情人自己演。
Hāhā! Wǒ bú kàn biéren de sānjípiàn。Wǒ hé qíngrén zìjǐ yǎn。

A 요즘 드라마에 베드신이 점점 많아져.

B 그래. 가끔 가족들이랑 같이 보는데 정말 당황스럽더라.

A 근데 애인이랑 같이 보는 건 좋을 것 같아.

B 애인이랑은 더 자극적인 포르노를 보면 되지 누가 기다렸다가 그딴 저질 드라마를 보냐?

A 보아하니 너 애인이랑 항상 포르노 보는 것 같은데.

B 하하하! 난 다른 사람 나오는 포르노 안 봐. 애인이랑 직접 포르노를 찍어 버려.

관련 어휘 학습

电视剧	diànshìjù	명 텔레비전 드라마
激情	jīqíng	명 (억누르기 힘든) 열정, 정열, 격정

镜头	jìngtóu	명	①(카메라, 영사기, 촬영기 등의) 렌즈(lens)
			②(연극, 영화, 텔레비전 등의) 장면, 신(scene)
尴尬	gāngà	형	①(입장 등이) 난처하다, 곤란하다
			②(표정이나 태도가) 부자연스럽다, 이상하다
情人	qíngrén	명	①애인, 연인 ②내연남, 내연녀
三级片	sānjípiān	명	(폭력 혹은 섹스물로) 미성년자 관람 불가 영화
耐心	nàixīn	명	참을성, 인내성
		형	인내심이 강하다, 참을성이 있다
破	pò	형	①저질이다, 보잘것없다 ②낡다
		동	①깨다 ②다치다

| 용어해설 |

베드신, 섹스신

영화나 드라마에서 남녀주인공의 적나라한 베드신을 말한다.

Tip

• 네 편의 영화로 이해하는 중국

〈로스트 인 베이징(苹果)〉

〈집결호(集结号)〉

2007년 연말과 2008년 연초 상영된 '색·계(色·戒)', '사과(苹果: 한국에선 '로스트 인 베이징)', '투명장(投名状: 한국에선 '명장(名將))', '집결호(集結號)'이 네 편의 영화가 화제다. 중국 젊은이들 사이에선 이 네 편의 영화내용을 비꼬아 다음과 같이 말한다고 한다. "'색·계(色·戒)'를 보면 알게 되지, 여자는 믿을 수 없다는 사실을. '사과(苹果)'를 보고 나면 알게 되지, 남자도 믿을 수 없다는 사실을. '투명장(投名状)'을 보면 알게 되지, 형제조차도 믿을 수 없다는 사실을. '집결호(集結號)'를 보고 나면 알게 되지, 조직은 더더욱 믿을 수 없다는 사실을…."

네 편의 영화를 본 중국 젊은이들이 서로 다른 영화에서 뽑아낸 공통된 키워드는 바로 '불신(不信)'이다. 사회주의 시장경제를 추구하는 중국에서 사회주의(평등)보다는 시장경제(경쟁)가 더 중요시되는 현실에 대한 풍자이다. 치열한 경쟁을 거쳐 대학에 진학하고도 구직 전선에서 피 튀기는 경쟁을 하고 있는 젊은이들의 마음속에는 '오로지 믿을 것은 나밖에 없다'는 처절함이 자리 잡고 있음을 알 수 있다.

이 네 편의 영화에 담긴 중국 사회와 중국인의 생각을 살펴보자.

남녀 주인공 '양조위'와 '탕웨이'의 노골적인 섹스신을 가차 없이 가위질한 중국 검열당국 덕분에 '색·계'의 주제의식은 감독의 당초 의도와 상당 부분 어긋나 있다. 혁명을 수행하는 사람이 사사로이 감정에 흔들리고 다이아몬드에 눈이 멀어 자신의 과업을 방기하면 총살형뿐이라는 섬뜩한 메시지로 둔갑해 있다. 사회 통제를 위해 영화를 선전 도구로 활용하는 중국 정부의 가위질 솜씨가 예술의 경지에 다다랐다고 할 수 있다.

발 마사지 가게를 배경으로 한 영화 '사과'는 당국이 상영을 허가했다 번복하는 곡절을 겪었다. 가게 주인이 여주인공을 성폭행하고 남자 친구가 피해보상금을 놓고 흥정한다는 줄거리가 중국 이미지를 왜곡했다는 것이 이유였다. 이 때문에 발 마사지사로 등장한 중국 최고의 미녀 배우 판빙빙(范冰冰)이 공개 반성문을 썼다는 믿을 수 없는 소문도 있다. 그러나 이 작품은 돈 앞에서 사랑도 양심도 무기력해져 버리는 중국 사회의 단면을 그대로 보여주고 있다.

'투명장'은 출세를 위해서라면 아우마저도 죽음으로 내모는 비정한 형의 모습을 다루었다. 성공과 출세를 위해 부나비처럼 변해가는 도시인의 자화상을 보여주고 있다. 이 영화를 보고 중국의 극심한 빈부격차와 계층 간의 격차 문제가 생각났다.

1948년 국민당과 공산당의 내전 와중에 총알받이로 버림받은 중대원의 비극을 그린 '집결호'. 중국 정부까지 나서 대대적으로 홍보할 만큼 애국심을 고취한 영화였다. 비록 일시적으로 조직의 보호를 받지 못하더라도 결국에는 조국이 따뜻하게 품어줄 것이란 메시지가 부각됐다. 중화민족주의를 강조하는 작금의 사회 분위기가 내비쳐졌다. 영화는 대단한 흥행을 하였다.

현재를 살아가는 중국인의 가치관, 삶의 목적이 무엇인지? 중국 사회는 어떻게 변해가는 지를 알고자 한다면 중국 영화를 보는 것도 좋은 방법이라고 생각한다. 현대의 중국을 재미있게 이해하고자 하는 사람들에게 이 네 편의 영화를 추천하고자 한다.

*13

脱星 에로영화 스타

A 听说陈宝莲跳楼自杀是因为被男人甩了。
Tīngshuō ChénBǎolián tiàolóu zìshā shì yīnwèi bèi nánren shuǎi le。

B 没错。
Méi cuò。

A 真可惜啊。那么漂亮的一个女人。
Zhēn kěxī a。Nàme piàoliang de yí ge nǚrén。

B 漂亮有什么用? 你愿意娶一个脱星做妻子吗?
Piàoliang yǒu shénme yòng? Nǐ yuànyì qǔ yí ge tuōxīng zuò qīzǐ ma?

A 你怎么扯到我身上来了!
Nǐ zěnme chědào wǒ shēnshang lái le!

A 천바오렌이 투신자살한 건 남자한테 차여서 그랬데.
B 맞아.
A 정말 아깝다. 그 여자 정말 예뻤는데.
B 예쁘면 뭐하니? 너 같음 에로영화 배우를 마누라로 얻겠니?
A 근데 왜 나한테 뭐라고 그래?

관련 어휘 학습

跳楼自杀	tiàolóu zìshā	빌딩에서 투신자살하다
甩	shuǎi	동 실연하다, 차다
可惜	kěxī	형 아깝다, 애석하다, 섭섭하다
娶	qǔ	동 장가가다, 아내를 얻다, 아내를 들이다

| 용어해설 |

에로영화 스타

에로영화 전문배우로서 스타가 된 사람을 말한다. '叶玉卿(Yè yùqīng)', '陈宝莲(Chén Bǎolián)', '李丽珍(Lǐ Lìzhēn)', '舒淇(Shū Qí)' 등이 에로배우로 명성을 날렸다.

Tip

- 홍콩의 유명한 에로 배우 陈宝莲

- 타이완 최고 섹시 여배우 舒淇의 LUX 광고

LUX: 丽仕
Lìshì

美容沐浴乳
Měiróng mùyùrǔ
미용 바디클린저

14 贺岁片 설날 특집 영화

A 现在的贺岁片怎么越来越色情啊?
Xiànzài de hèsuìpiàn zěnme yuèláiyuè sèqíng a?

B 这就对了啊。导演就是向你这样的色情狂贺岁的啊。
Zhè jiù duì le a。Dǎoyǎn jiù shì xiàng nǐ zhèyàng de sèqíngkuáng hèsuì de a。

A 去你的。你才色情狂呢。
Qù nǐ de。Nǐ cái sèqíngkuáng ne。

A 요즘 설날특집영화들은 왜 갈수록 야해지는 거니?
B 그래 맞아. 감독들이 너 같은 색골들을 위해 영화를 만드는 거야.
A 이런 젠장, 색골은 바로 너야.

관련 어휘 학습

色情	sèqíng	명 남녀 간의 성적 욕망, 이성에 대한 육체적 욕망
色情狂	sèqíngkuáng	명 색광, 색골
导演	dǎoyǎn	명 감독 동 (영화나 연극을 찍을 때) 감독하다

| 용어해설 |

설날 특집 영화

새해를 축원하기 위해 특별히 만든 영화나 드라마. 중국에서는 매년 설날 개봉을 위해 특집 영화나 드라마를 만드는 풍속이 있는데 주로 유명 감독들의 작품이 대부분이고 그 수준과 재미도 뛰어나 수많은 중국인들이 학수고대하며 기다린다. 주로 현실생활에서 소재를 딴 풍자와 코미디 요소가 강한 작품이 많다. 최초의 '贺岁片(hèsuìpiàn)'은 1997년 '冯小刚(Féng Xiǎogāng)' 감독의 '甲方乙方(Jiǎfāngyǐfāng)'이며 그의 '不见不散(Bújiànbúsàn)'은 수많은 유행어를 남기고 지금도 사람들 입에 회자될 정도로 대단한 인기였다. 하지만 지금은 할리우드와 한국 영화들의 힘에 밀려 인기가 예전 같지 않다. 한국배우 '장동건'이 출연한 '陈凯歌(ChénKǎigē)' 감독의 '무극(无极: Wújí)'과 한국에 '황후화'로 소개 된 '张艺谋(Zhāng Yìmóu)' 감독의 '满城尽带黄金甲(Mǎnchéngjǐndàihuángjīnjiǎ)' 등도 호화 캐스팅과 엄청난 제작비를 들여 설날에 개봉하였으나 흥행이 대단히 성공적이진 못했다.

15 大腕 연예계 거물, Super Star

A 最近要在我们大学举办一场大型演唱会。
Zuìjìn yào zài wǒmen dàxué jǔbàn yì chǎng dàxíng yǎnchànghuì。

B 是吗? 都有什么人来参加?
Shì ma? dōu yǒu shénme rén lái cānjiā?

A 听说要来很多明星大腕。
Tīngshuō yào lái hěn duō míngxīng dàwǎn。

B 我对明星大腕没什么兴趣。我更感兴趣的是放几天假。
Wǒ duì míngxīng dàwǎn méi shénme xìngqù。Wǒ gèng gǎn xìngqù de shì fàng jǐ tiān jià。

A 최근에 우리 대학에서 대형 콘서트가 열린데.
B 그래? 누가 오는데?
A 슈퍼스타들이 되게 많이 올 거래.
B 난 슈퍼스타들한테는 관심 없다. 내가 관심 있는 건 며칠 동안 쉬느냐는 거야?

관련 어휘 학습

大腕	dàwàn	문예계의) 실력자, 명망가
举办	jǔbàn	동 ①(행사나 활동을) 열다, 개최하다 ②(사업을) 처리하다, 행하다
大型	dàxíng	형 대형의
演唱会	yǎnchànghuì	명 콘서트
明星	míngxīng	명 스타(star)
放假	fàngjià	동 휴가로 쉬다, 방학하다

| 용어해설 |

연예계 거물, Super Star

'大腕(dàwàn)'은 원래 문예계의 실력자, 명망가를 가리키는 말이다. 그래서 연예계에서는 유명한 감독, 배우, 가수 등을 '大腕'이라고 한다. 근래 들어 '大腕'은 의미가 확대되어 이제는 연예계를 떠나 어느 분야든 대단한 실력자를 가리키는 말이 되었다. 국제적인 영향력을 가진 사람은 '国际大腕(guójìdàwàn)'이라고도 한다.

Tip

- 2002년 冯小刚 감독의 贺岁片 - 大腕

- 国际大腕

러시아 대통령 '푸틴'의 중국어 이름은 '普京(Pǔjīng)'이다. 푸틴 같이 국제적으로 큰 영향력을 가지고 있는 사람을 '国际大腕'이라고 칭한다.

16 走红 인기 있다, 떴다

A 这个演员整天在电视上出现, 但真不知道他是因为什么戏走红的?
Zhège yǎnyuán zhěngtiān zài diànshìshang chūxiàn, dàn zhēn bù zhīdào tā shì yīnwèi shénme xì zǒuhóng de?

B 这就叫 '人红戏不红', 这样的人多着呢。
Zhè jiù jiào "rén hóng xì bù hóng", zhèyàng de rén duōzhe ne。

A 还是不明白。
Hái shì bù míngbai。

B 这世道, 搞不明白的事多着呢。哎, 你为什么40岁了还不结婚? 这不也很奇怪吗?
Zhè shìdào, gǎo bù míngbai de shì duōzhe ne。āi, Nǐ wèishénme sìshí suì le hái bù jiéhūn? Zhè bù yě hěn qíguài ma?

A 저 배우 하루 종일 TV에 나오는데 도대체 무슨 드라마로 이렇게 뜬 거야?

B 그런 걸 두고 '사람은 떴는데 드라마는 안 떴다'라고 하는 거야. 그런 사람 많아.

A 아직도 뭔 말인지 잘 모르겠다.

B 이 세상에는 말이지 이해가 잘 안 되는 일도 많은 법이야. 그래! 넌 왜 40살이나 되는데도 결혼안하는 거니? 이것도 이해 안 되는 일이잖아?

관련 어휘 학습

整天	zhěngtiān	명 온종일, 꼬빡 하루
出现	chūxiàn	동 출현하다, 나타나다, 생기다
奇怪	qíguài	형 기괴하다, 이상하다 동 이해하기 어렵다. 이상히 여기다

| 용어해설 |

인기 있다, 떴다

인기가 있다는 표현을 '走红(zǒuhóng: 빨강을 향해 간다)'이라고 한다. 인기가 불 같이 활활 타오른다고 해서, 또한 슈퍼스타가 되면 '레드카펫'을 밟을 수 있으므로 붙여진 말이다.

*17 春晚 설날 특집 쇼

A 今年的春晚你看吗?
Jīnnián de chūnwǎn nǐ kàn ma?

B 不看。还不如找几个人一起打牌呢。
Bú kàn。Hái bùrú zhǎo jǐ ge rén yìqǐ dǎpái ne。

A 是越来越没意思了。可是除了这个晚会，也没别的可看的。
Shì yuèláiyuè méi yìsi le。Kěshì chúle zhège wǎnhuì, yě méi biéde kě kàn de。

A 올 해 설날 특집 쇼 볼 거니?
B 안 봐. 친구들이랑 카드 치는 게 더 낳아.
A 갈수록 재미없어 지더라. 근데 이 설날 특집 쇼 말고는 다른 볼만한 게 없어.

관련 어휘 학습

打牌	dǎpái	마작, 트럼프 등을 하다
不如	bùrú	동 …만 못하다, … 하는 편이 낫다
越来越	yuèláiyuè	점점, 더욱더(정도의 증가를 나타냄)
除了	chúle	접 ①…을 제외하고(말하는 것을 계산에 넣지 않는 것을 나타냄) ②…외에 또, …외에 …도('还·也·등과 같이 사용되어 어떤 것 이외에 다른 것이 또 있다는 것을 나타냄)

| 용어해설 |

설날 특집 쇼

'春节联欢晚会(chūnjié liánhuān wǎnhuì)'의 약칭이다. '春节联欢晚会'는 1982년 CCTV에서 처음으로 거행되었는데 매년 전국에 생방송으로 진행한다. 중국 최고의 연예인들과 가수들이 총출동해 방대한 스케일의 공연을 보여준다. 해마다 '春节联欢晚会'는 온 가족이 반드시 시청할 정도로 대단한 인기를 끌었고 중국에만 있는 독특한 민속행사로 자리매김하였다. 하지만 볼거리가 많아진 요즘은 그 인기가 급격히 하락하고 있다. 특히 전통예술에 냉담한 젊은이들은 심지어 촌스럽다고 여기며 나이든 사람들이나 보는 것이라고 여기기도 한다.

*

18 千手观音 천수관음

A 昨晚真的好感动啊。
Zuówǎn zhēnde hǎo gǎndòng a。

B 是啊。'千手观音' 演得太棒了!
Shì a。 'Qiānshǒuguānyīn' yǎnde tài bàng le!

A 我老妈是一直哭着看完的。
Wǒ lǎomā shì yìzhí kūzhe kàn wǎn de。

B 那些残疾人孩子太了不起了。
Nàxiē cánjírén háizi tài liǎobuqǐ le。

A 어제 저녁 정말 감동적이었어.
B 그래. '천수관음' 춤 너무 대단했어.
A 우리 엄마는 계속 울면서 보셨어.
B 그 장애인 아이들 정말 대단하더라.

관련 어휘 학습

感动	gǎndòng	동 ①감동하다 ②감동시키다
棒	bàng	형 뛰어나다, 훌륭하다 명 막대기, 방망이
残疾人	cánjírén	명 장애인
了不起	liǎobuqǐ	형 보통이 아니다, 뛰어나다, 굉장하다

| 용어해설 |

천수관음

2005년말 CCTV '春节联欢晚会(설날특집쇼)'에서 21명의 청각장애인들이 천수관음 춤을 추었다. 귀가 안 들림에도 불구하고 한 명도 틀림이 없이 너무나도 정확하고 아름다운 동작을 보여줘 전중국인이 감동의 눈물을 흘리며 대단한 이슈가 되었다. 천수관음 춤은 축복을 기원하는 춤으로 장애인들이 장애를 극복하고 축복의 메시지를 전하였다 하여 CCTV '春节联欢晚会(설날특집쇼)' 역사상 최고의 장면으로 꼽는다.

Tip

- 2005년 CCTV 春节联欢晚会 千手观音 ①

- 2005년 CCTV 春节联欢晚会 千手观音 ②

*19 黄健翔 중국 최고 스포츠 캐스터 - 황젠샹

A 没有了黄健翔，足球比赛还有什么看的！
Méiyǒu le Huáng Jiànxiǎng, zúqiú bǐsài hái yǒu shénme kàn de!

B 致于这样吗？除了他，中国就再没人了？
Zhìyú zhèyàng ma? Chúle tā, Zhōngguó jiù zài méi rén le?

A 我就喜欢他的激情。象个男人。
Wǒ jiù xǐhuān tā de jīqíng。Xiàng ge nánren。

B 象男人又怎么样？还不是灰溜溜地走人了！
Xiàng nánren yòu zěnmeyàng? Hái bú shì huīliūliū de zǒurén le!

A 황젠샹도 없는데 축구 경기는 무슨 재미로 보냐?
B 그럴까? 그럼 황젠샹 말고는 중국에 아무도 없다는 말이냐?
A 난 황젠샹의 격정적인 해설이 좋아. 남자답잖아.
B 남자답기는 뭔 남자다워? 책임도 안지고 슬그머니 사라져버렸는데.

관련 어휘 학습

激情	jīqíng	명 (억누르기 힘든) 열정, 정열, 격정
灰溜溜	huīliūliū	형 ①어둠침침하다, 거무스레하다
		②풀이 죽다, 기가 죽다

| 용어해설 |

중국 최고 스포츠캐스터 - 황젠샹

중국에서 가장 인기 있는 스포츠 캐스터였다. 월드컵이나 올림픽 등 주요한 국제경기는 거의 도 맡아 할 정도로 중국에서 가장 권위 있고 영향력 있는 캐스터로 손꼽힌다. 그의 해설은 대단히 격정적인 것으로 유명하다. 다만, 2006년 독일 월드컵 16강 '이탈리아-호주'전에서 평소 자신이 가장 좋아하는 팀인 이탈리아가 승리하자 너무 흥분해 '이탈리아 만세'를 외치고 호주 팀과 히딩크 감독에게 저주스런 말을 퍼 붓는 등 편파해설로 주중호주대사관에서 정식 항의를 할 정도로 큰 문제를 일으켰다. 그는 2002년 월드컵 때 한국의 4강 진출에 대해 대단히 큰 불만과 여러 문제제기를 해 왔는데 당시 감독이던 히딩크가 이탈리아에 패배하자 그 동안의 감정이 폭발해 실수를 했다고 사과하였다. 그 후 CCTV에 사표를 내었고 중국 축구팬들의 찬반론이 대단히 뜨거웠다.

*20 选秀 선발 대회

A 现在的电视选秀真是太多太烂了。
Xiānzài de diànshì xuǎnxiù zhēn shì tài duō tài làn le。

B 是啊。连男人也不甘示弱了。
Shì a。Lián nánren yě bùgānshìruò le。

A 好象参加这种选秀的男人都有些娘娘腔啊。
Hǎoxiàng cānjiā zhèzhǒng xuǎnxiù de nánren dōu yǒuxiē niángniangqiāng a。

B 没有啊。有些男人还是挺养眼的。
Méiyǒu a。yǒuxiē nánren hái shì tǐng yǎngyǎn de。

A 요즘 TV엔 선발대회가 너무 많고 내용도 엉망이야.
B 그래. 남자들로 왜 그리 약한 척을 하고 그러니.
A 그런 프로 참가하는 남자애들은 전부 계집애들 같아.
B 아냐. 어떤 남자애들은 되게 멋있어.

관련 어휘 학습

烂	làn	형	①어수선하다, 뒤죽박죽이다 ②떨어지다, 헐다 ③흐물흐물하다
不甘	bùgān	동	…을 달가워하지 않다, 만족하지 않다, 원하지 않다
示弱	shìruò	동	약함을 드러내다, 약한 체하다
娘娘腔	niángniangqiāng	명	암사내, 여성화된 남성
养眼	yǎngyǎn	명	①아름다운 풍경을 보다 ②(용모 등이) 사람의 시각을 유쾌하게 하다

| 용어해설 |

선발 대회

TV에서 가수나 모델 등 연예인 선발대회를 하는 것을 '电视选秀(diànshìxuǎnxiù)'라고 한다. 현재 가장 성공한 대회로는 CCTV의 '全国青年歌手电视大奖赛'와 湖南(Húnán)위성 TV의 '超级女声'을 들 수 있다. 하지만 방송사마다 비슷비슷한 프로그램이 난무하여 질도 떨어지고 인기도 별로 없어 폐지되는 프로도 늘어가고 있다.

*21 天王 연예계 천왕

A 听说刘天王有一个私生子。
Tīngshuō Liú tiānwáng yǒu yí ge sīshēngzi。

B 不会吧。他可是我的偶像啊。
Bú huì ba。Tā kěshì wǒ de ǒuxiàng a。

A 偶像怎么了？偶像也有七情六欲啊。
ǒuxiàng zěnme le? ǒuxiàng yě yǒu qīqíngliùyù a。

B 但应该光明正大的啊。这样偷偷摸摸算什么啊？
Dàn yīnggāi guāngmíngzhèngdà de a。Zhèyàng tōutōumōmō suàn shénme a?

A 천왕 유덕화한테 사생아가 있다더라.
B 설마 안 그렇겠지? 그래도 유덕화는 내 우상인데.
A 우상은 그렇게 하면 안 되니? 우상도 다 욕망과 감정이란 게 있는 거야.
B 그래도 떳떳하고 정당해야지. 몰래 숨어서 그럼 뭐 하니?

관련 어휘 학습

私生子	sīshēngzǐ	명 사생아
偶像	ǒuxiàng	명 우상
七情六欲	qīqíngliùyù	명 모든 욕망과 감정
光明正大	guāngmíngzhèngdà	成 광명정대하다, 언행이 떳떳하고 정당하다
偷偷摸摸	tōutoumōmōu	成 (어떤 일을) 남이 알지 못하게 슬며시 하다

| 용어해설 |

연예계 천왕

가요계에서 실력과 영향력, 인기까지 고루 갖춘 남자가수를 '天王(Tiānwáng)'이라고 한다. 홍콩, 대만 등 전 중화권 남자가수 중 '天王'을 꼽으라면 중국인들은 주저 없이 '장학우(张学友: Zhāng Xuéyǒu)', '유덕화(刘德华: Liú Déhuá)', '여명(黎明: Lí Míng)', '곽부성(郭富城: Guō Fùchéng)'을 꼽고 이들을 '四大天王'이라고 부른다. 이 '사대천왕'은 80년대 중반부터 지금껏 20여 년 동안 최고의 자리를 한 번도 내어준 적이 없을 정도로 독보적인 존재들이다. 이들 중 외모는 가장 떨어지지만 가창력이 가장 뛰어난 '张学友'는 '歌神(gēshén노래의 신)'이라고까지 불린다.

*22 天后 연예계 여왕

A 听说天后王菲要退出歌坛了。
Tīngshuō tiānhòu Wáng Fēi yào tuìchū gētán le。

B 真的假的? 我可是她的超级歌迷啊。
Zhēnde jiǎde? Wǒ kě shì tā de chāojí gēmí a。

A 真看不出, 你的心还这么年轻!
Zhēn kàn bùchū, nǐ de xīn hái zhème niánqīng!

A 가요계의 여왕 왕페이가 가요계에서 은퇴 할 거래.
B 정말, 아님 가짜? 난 왕페이 킹 왕 팬인데.
A 정말 몰랐다. 너 아직도 마음은 되게 젊구나.

Tip

• 那英

• 王菲

| 용어해설 |

연예계 여왕

가요계에서 실력과 영향력, 인기까지 고루 갖춘 여자가수의 여왕을 '天后(Tiānhòu)'라고 한다. 홍콩, 대만 등 전 중화권 여가수 중 '天后'를 꼽으라면 중국인들은 주저 없이 '王菲(Wáng Fēi)'를 꼽고 중국 대륙은 '那英(Nà Yīng)'을 '天后'로 꼽는다.

*23 港姐 미스 홍콩

A 今年的港姐好象并不太漂亮啊。
Jīnnián de gǎngjiě hǎoxiàng bìng bú tài piàoliang a

B 这是正常的啊。港姐比赛的标准是 '美貌与智慧并重'。
Zhè shì zhèngcháng de a。Gǎngjie bǐsài de biāozhǔn shì 'měimào yǔ zhìhuì bìng zhòng'。

A 但不漂亮的人就一定很智慧吗?
Dàn bú piàoliang de rén jiù yídìng hěn zhìhuì ma?

B 评委担心大家觉得自己太重视外貌, 往往不敢给太美丽的人高分。
Píngwěi dānxīn dàjiā juéde zìjǐ tài zhòngshì wàimào, wǎngwǎng bù gǎn gěi tài měilì de rén dǎ gāofēn。

A 올 해 미스홍콩은 별로 안 예쁜 것 같아.
B 그게 정상이지. 미스홍콩 선발의 기준이 바로 '미모와 지혜의 겸비'잖아.
A 그럼 안 예쁜 사람은 다 지혜롭다는 얘기니?
B 심사위원들은 다른 사람들이 자기는 외모만 중시한다고 욕 할까봐 정말 예쁜 사람한테는 높은 점수를 못 주는 거야.

관련 어휘 학습

标准	biāozhǔn	명 표준, 기준 형 표준의, 표준적이다
美貌	měimào	명 아름다운 얼굴 모습, 미모 형 용모가 수려하다
智慧	zhìhuì	명 지혜
并重	bìzhòng	동 다 같이 중시하다
评委	píngwěi	명 심사 위원
往往	wǎngwǎng	부 가끔, 종종

| 용어해설 |

미스 홍콩

'香港小姐(Xiānggǎng xiǎojie)'의 줄임말로 미스홍콩을 말한다. 매년 개최되는 미인선발대회로 스포츠 경기와 마찬가지로 '1등-3등'을 '冠军(guànjūn)', '亚军(yàjūn)', '季军(jìjūn)'이라고 한다. 우리식으로 말하면 '진(眞)', '선(善)', '미(美)'에 해당한다. 홍콩에는 미스홍콩 출신의 연예인들이 많다. 대표적으로 '张曼玉(Zhāng Mànyù)', '鍾楚紅(Zhōng Chǔhóng)', '李嘉欣(Lǐ Jiāxīn)', '叶童(Yè Tóng)' 등이 그렇다. 연예계에 진출하기 위해 많은 여성들이 '미스홍콩'을 그 교두보로 삼고 있다. 2007년도 미스홍콩은 '张嘉儿(Zhāng Jiāér)'이다.

***24 花瓶** 예쁘기만 한 꽃 병

A 这个女演员真的挺漂亮的啊。
Zhège nǚ yǎnyuán zhēnde tǐng piàoliang de a。

B 可惜只是个花瓶, 成不了大气候。
Kěxī zhǐ shì gè huāpíng, chéng bùliǎo dàqìhou。

A 能有资格当花瓶也不错啊。就怕连这个资本都没有。
Néng yǒu zīgé dāng huāpíng yé búcuò a。Jiù pà lián zhège zīběn dōu méiyǒu。

A 이 여배우 정말 너무 예쁘다.

B 근데 그저 꽂아 놓은 꽃병일 뿐이야. 크게 되기는 힘들어.

A 꽃병이라도 될 수 있는 능력이 있다는 게 좋은 거지.
안 예쁘기라도 했음 어땠겠니?

관련 어휘 학습

大气候	dàqìhòu	명 ①〈천문기상〉 대기후 ②큰 인물
		③대업, 큰 사업
		④국제·국내의 형세, 사회 여론과 분위기
资格	zīgé	명 ①자격 ②경력, 관록

| 용어해설 |

예쁘기만 한 꽃병

예쁘기만 하고 그다지 능력이 없는 여성을 '花瓶(huāpíng: 꽃병)'이라고 한다. 그저 장식품으로만 쓰일 뿐이지 별 쓸모가 없다고 하여 연예계에서는 연기도 못하고 그저 얼굴로만 승부를 거는 여배우를 '花瓶'이라고 한다. 미스홍콩 출신의 '李嘉欣(Lǐ Jiāxīn)' 등이 항상 언론으로부터 연기 혹평을 들으며 '花瓶'에 불과하다는 평가를 받곤 한다.

*25 清宫戏 사극, 시대극

A 我妈真烦死人。
Wǒ mā zhēn fánsǐ rén。

B 怎么了？
Zěnme le?

A 我想看体育比赛，可是她整天霸占着电视看清宫戏。
Wǒ xiǎng kàn tǐyù bǐsài, kěshì tā zhěngtiān bàzhàn zhe diànshì kàn qīnggōngxì。

B 我妈也一样。所以我家三个人，有三台电视机。
Wǒ mā yě yíyàng。Suǒyǐ wǒ jiā sān ge rén, yǒu sān tái diànshìjī。

A 우리 엄마 땜에 죽겠어.

B 왜 그래?

A 나는 스포츠 경기 보려는데 우리 엄마가 TV를 차고 앉아 하루 종일 사극만 보고 있잖아.

B 우리 엄마도 그래. 그래서 우리가족이 세 명인데 TV가 세 대 있잖아.

관련 어휘 학습

霸占	bàzhàn	동 (무력으로) 점령하다, 점거하다, 강점하다

| 용어해설 |

사극, 시대극

청(清)나라 시대의 왕과 왕비 등, 궁전에서 일어나는 일을 소재로 하는 사극. 현실적인 소재로는 창작의 한계가 있어 시청률 확보가 어려워지자 많은 제작들이 시청률이 비교적 원만한 사극을 많이 찍는다. 청나라 시대가 가장 드라마적인 소재가 많아 일반적으로 사극에는 '清宫戏(Qīnggōngxì)'가 많다. 최근 인기가 있었던 '清宫戏'로는 한국에서도 '황제의 딸'로 소개되어 큰 인기를 끌었던 '还珠格格(Huánzhūgége)'와 '康熙王朝(Kāngxīwángcháo)'가 있다. '황제의 딸'의 여자주인공인 '赵薇(Zhào Wēi)'는 '쿵푸허슬"에도 출연하여 한국에서 큰 인기를 얻었고, 남자주인공 '苏有朋(Sū Yǒupéng)'도 '채림'의 애인으로 지목되어 '이승환'과 이혼하게 된 원인제공자라는 구설수에 오르기도 했다.

26 青春偶像剧 청춘 드라마

A 最近电视里演的那个青春偶像剧真有意思啊。
Zuìjìn diànshìli yǎn de nàge qīngchūnǒuxiàngjù zhēn yǒu yìsi a。

B 您饶了我吧。就您这岁数还看青春偶像剧?
Nín ráole wǒ ba。Jiù nín zhè suìshù hái kàn qīngchūnǒuxiàngjù?

A 我怎么了? 我还不到40岁, 怎么就不能看!
Wǒ zěnme le? Wǒ hái bú dào sìshí suì, zěnme jiù bù néng kàn!

B 我晕。人家那是给少男少女看的。有没有搞错!
Wǒ yūn。Rénjiā nà shì gěi shàonán shàonǚ kàn de。Yǒu méiyǒu gǎocuò!

A 요즘 TV에 방영되는 청춘드라마 정말 재미있더라.
B 나 좀 살려주셔! 네 나이가 몇인데 아직도 청춘드라마를 보냐?
A 내가 뭐 어때서? 나 아직 40도 안 됐어. 왜 못 보는데?
B 미치겠네. 그건 애들이나 보는 거야, 너 좀 잘못된 거 아냐?

관련 어휘 학습

晕	yūn	동 기절하다, 까무러치다
		형 (머리가)어지럽다, (눈이)아찔아찔하다
搞错	gǎocuò	동 잘못하다, 실수하다

| 용어해설 |

청춘 드라마

젊은 남녀의 생기발랄한 로맨틱 사랑을 소재로 미남미녀 아이돌스타들이 출연하는 드라마. 한국 드라마들도 '韩国青春偶像剧(Hánguó qīngchūnǒuxiàngjù)'라고 많이 소개한다.

- 한국드라마-마지막 춤은 나와 함께

한국드라마를 '韩国最新青春偶像剧(Hánguó zuìxīn qīngchūnǒuxiàngjù)'라고 소개하고 있다. 드라마 '마지막 춤은 나와 함께'의 중문제목은 그대로 직역하여 '和你一起跳最后一只舞(Hé nǐ yìqǐ tiào zuìhòu yì zhī wú)'라고 하였다.

*27 组合 그룹

Ⓐ 听说羽泉组合要解散了。
Tīngshuō Yǔquán zǔhé yào jiěsàn le。

Ⓑ 哪儿听的小道消息?
Nǎr tīng de xiǎodào xiāoxi?

Ⓐ 真的。现在一个在广州拍电视剧, 一个独自在北京。
Zhēnde。Xiànzài yí ge zài Guǎngzhōu pāi diànshìjù, yí ge dúzì zài Běijīng。

Ⓑ 是吗? 看来真是应验了 '合久必分' 这句话。
Shì ma? Kànlái zhēn shì yìngyàn le 'hé jiǔ bì fēn' zhè jù huà。

A 羽泉그룹이 해체한다더라.
B 어디서 그 딴 소식을 들은 거니?
A 정말이야. 하나는 지금 광저우에서 드라마 찍고 하나는 혼자 베이징에 있대.
B 그래? 정말 '오래 같이하면 꼭 헤어진다.' 말이 딱 들어맞는구나.

관련 어휘 학습

解散	jiěsàn	동 흩어지다, 해산하다, 해체하다
小道消息	xiǎodàoxiāoxi	명 떠도는 소문, 근거 없는 풍문
应验	yìngyàn	동 ①효능이 있다, 효력이 있다
		②(예언 등이)들어맞다
合久必分	héjiǔbìfēn	오래 같이하면 꼭 헤어진다

| 용어해설 |

그룹

두 명 또는 두 명 이상의 가수로 이루어진 그룹. 중국 가요계는 전통적으로 솔로 가수가 득세하였으나 외국의 영향을 받아 젊은 가수들은 그룹으로 많이 활동한다. 중국에서 유명한 그룹으로는 '羽泉组合(Yǔquán zǔhé)', '黑鸭子组合(Hēiyāzi zǔhé)' 등이 있고 한국 그룹으로는 최근 '동방신기(东方神起:Dōngfāngshénqǐ)'가 가장 인기 있다.

Tip

• 화제의 중국 4인조 뚱녀 보컬그룹 '千斤組合(Qiānjīn zǔhé)'

중국에서 4인조 '뚱녀 보컬그룹'이 대단한 화제를 불러일으키고 있다. 중국에서도 시장경제와 서구문명 도입으로 뚱뚱한 여성이 많이 늘어나고 있는 추세이다. 반면 한국처럼 마른 여성, S라인 여성이 인기를 끌고 다이어트 광풍이 불며 뚱뚱한 여성을 무시하는 사회풍조가 확산되고 있다. 이런 중국사회에서 평균 체중 100kg이 넘는 그룹이 나타났다. 리드 싱어 샤오양(肖杨), 양예(杨烨)는 260근(130kg), 장원(张文)은 190근(95kg), 선징(沈静)은 180근(90kg)이다. 그래서 그룹이름도 네 사람의 체중을 합치면 1000근(500kg, 중국에서 한 근은 500g)에 육박한다고 해서 '千斤組合(천근그룹)'이다.

지난해 난징(南京)의 '뚱녀 선발대회'에서 알게 된 이들은 전국 방방곡곡을 돌며 타이틀곡 '뚱뚱한 게 뭐 어때서'를 앞세워 '다이어트 사회'에 온몸으로 저항하고 있다. 뚱뚱한 사람을 차별하는 중국 사회에선 이들이 가수로 데뷔했다는 사실 자체가 하나의 사건이다.

'푸룽누나'에 이어 또 다른 엽기적인 그룹의 탄생을 보니 중국도 이젠 엽기적인 코드가 대세인 것 같다. S라인의 미인들이 독점하는 연예계에서 얼마나 인기가 지속될지는 의문이지만 무분별한 다이어트를 강요하는 사회풍조에 경종을 일으키는 용감한 도전이 아닌가 생각한다.

〈500kg 그룹 (千斤組合)〉

*28 穿帮镜头 옥에 티

A 周星驰拍的《功夫》太烂了。
Zhōu Xīngchí pāi de《Gōngfu》tài làn le。

B 怎么了? 你不是挺喜欢他吗!
Zěnme le? Nǐ búshì tǐng xǐhuān tā ma?

A 但是《功夫》实在不怎么样。穿帮镜头太多了。
Dànshì《Gōngfu》shízài bù zěnmeyàng。Chuānbāng jìngtóu tài duō le。

B 那样更有意思啊。我就爱看穿帮镜头。
Nàyàng gèng yǒu yìsi a。Wǒ jiù ài kàn chuānbāng jìngtóu。

A 주성치의 '쿵푸허슬' 진짜 엉망이더라.
B 왜? 너 주성치 되게 좋아하잖아!
A 근데 '쿵푸허슬'은 진짜 별로였어. 옥에 티 장면이 너무 많아.
B 그래야 더 재미있지. 난 '옥에 티' 보는 게 너무 좋아.

관련 어휘 학습

烂	làn	형 ①어수선하다, 뒤죽박죽이다
		②떨어지다, 헐다 ③흐물흐물하다
镜头	jìngtóu	명 ①(카메라·영사기·촬영기 따위의) 렌즈
		②장면, 신(scene)

| 용어해설 |

옥에 티

영화나 드라마에서 제작진의 실수로 영화에 어울리지 않는 장면이 나오는 것을 '穿帮镜头(chuānbāngjìngtóu)'라고 한다. 진시황 시대의 사극에서 주인공이 금이빨이나 시계를 노출하거나 자동차가 보이고 고층건물이 슬쩍슬쩍 비쳐지는 등의 장면을 말한다.

*29 拍摄花絮 촬영 에피소드, NG 장면

A 我很喜欢看电影的拍摄花絮。
Wǒ hěn xǐhuān kàn diànyǐng de pāishèhuāxù。

B 我也是。可以看到电影拍摄的真实过程。
而且往往比电影本身更有意思。
Wǒ yě shì。Kěyǐ kàndào diànyǐng pāishè de zhēnshí guòchéng。
érqiě wǎngwǎng bǐ diànyǐng běnshēn gèng yǒu yìsi。

A 난 영화 NG 장면 보는 게 너무 좋아.

B 나도 그래. 영화 제작 과정도 볼 수 있고 영화보다
더 재밌는 경우도 많아.

관련 어휘 학습

过程	guòchéng	명 과정
拍摄	pāishè	동 촬영하다, 영화를 찍다
真实	zhēnshí	형 진실하다
往往	wǎngwǎng	부 왕왕, 늘, 항상, 흔히, 때때로, 이따금,
本身	běnshēn	명 (사람이나 물건·일의) 그 자신, 그 자체

| 용어해설 |

NG 장면

영화나 드라마 제작 과정 중 울어야 할 때 웃거나, 대사를 까먹었을 때 등등의 재미나는 NG 장면을 '拍摄花絮(pāishèhuāxù)'라고 한다. '성룡'이 주로 영화가 끝난 후, 에피소드나 NG 모음을 삽입하여 큰 반향을 이끌었다. 중국에서도 한국처럼 매주 이런 것만을 모아 방송하는 프로그램이 큰 인기다.

*30 反串 멀티 엔터테인먼트

A 我不喜欢叶童反串的许仙。
Wǒ bù xǐhuān Yè Tóng fǎnchuàn de Xǔ Xiān。

B 为什么？
Wèishénme?

A 看到她和女主角赵雅芝亲热我就恶心。
Kàndào tā hé nǚ zhǔjué Zhào Yǎzhī qīnrè wǒ jiù ěxīn。

B 哈哈。这样啊。那你就当人家是同性恋好了。
Haha。Zhèyàng a。Nà nǐ jiù dāng rénjiā shì tóngxìngliàn hǎo le。

A 나는 '叶童'이 여장 남자역으로 '许仙' 역할 맡은 게 싫어.
B 왜?
A '叶童'이 여자주인공 '赵雅芝'하고 스킨십 하는 거 보면 구역질이 나.
B 하하. 그래. 그럼 넌 그 사람들 동성연애자라고 생각하면 될 거 아냐.

관련 어휘 학습

女主角	nǚzhǔjué	명 주연 여배우
亲热	qīnrè	형 친밀하다, 친절하다, 다정하다
同性恋	tóngxìngliàn	명 동성애, 동성연애

| 용어해설 |

멀티 엔터테인먼트

'反串'은 연예계에서 보통 두 가지 의미로 쓰인다. 하나는 탤런트나 영화배우를 직업으로 삼지 않는 가수나 모델, MC등이 드라마나 영화에 출연하는 것, 둘째는 남자가 여자역을 맡거나, 여자가 남자역을 맡는 것 등을 말한다. 우리나라에선 가수인 윤은혜가 '커피프린스 1호점'에서 여장남자역을 맡은 것이 전형적인 '反串'에 속한다. 중국에서는 홍콩여배우 '叶童'이 드라마 '新白娘子传奇(Xīn bái niǎngzi chuánqí)'에서 남자주인공 '许仙' 역할을 한 것이 큰 이슈가 되었다.

Tip

- 커피프린스 1호점(咖啡王子 1 号店)

'커피프린스 1호점'의 중문제목은 그대로 직역하여 '咖啡王子 1 号店(kāfeī wángzi yī hào diàn)'이다. 윤은혜는 중화권에서 이미 '베이비복스'를 통해 알려지긴 했지만 다른 멤버들과는 달리 그리 스포트라이트를 받지 못했다. 하지만 '궁(野蛮王妃: yěmán wángfēi)'에서의 엽기적인 케릭터로 대성공을 거두어 지금은 한류열풍의 최전선에 서 있다.

- 新白娘子传奇

*31 邓丽君 전설이 된 중국 최고의 여가수 – 등려군

A 邓丽君的歌真的太有魔力了。
Dèng Lìjūn de gē zhēnde tài yǒu mólì le。

B 是啊。我也觉得华人圈中没有一个人的声音能比得上她。
Shì a。Wǒ yě juěde huárénquān zhōng méiyóu yí ge rén de shēngyīn néng bǐ de shàng tā。

A 可惜。才42岁就离开了我们。
Kěxī。cái sì shí èr suì jiù líkāi le wǒmen。

A 등려군의 노래는 정말 너무나 매력적이야.
B 그래. 중화권에서 등려군 보다 더 아름다운 목소리를 가진 사람은 없어.
A 아까워. 겨우 42살밖에 안 됐는데 죽었으니.

관련 어휘 학습

魔力	mólì	명 마력, 매력
离开	líkāi	동 떠나다, 벗어나다, 헤어지다

| 용어해설 |

전설이 된 중국 최고의 여가수 – 등려군

중화권 역사상 가장 노래 잘 부르는 가수로 꼽힌다. 영문이름은 'TERESA TENG'으로 일본에서도 대단한 인기를 누렸다. 1953년 타이완에서 태어나 1995년 태국에서 갑자기 사망하여 전설이 되어 버렸다. 그녀의 죽음에 대해 약물중독이니 자살이니 타살이니 하며 추측이 난무했다. 이소룡의 죽음이후 가장 많은 관심과 애도를 받은 가수이다. 대표작으로는 한국에서도 아주 유명한 '甜蜜蜜(tiánmìmì)', '月亮代表我的心(yuèliang dàibiǎo wǒ de xīn)', '何日君再來(hérì jūn zàilái)' 등이 있다.

*32 嫁入豪门 현대판 신데렐라

A 如果让我嫁豪门，该多好啊！
Rúguǒ ràng wǒ jià háomén, gāi duō hǎo a。

B 你喝多了吧？就你那水桶腰，豪门公子看一眼就该晕倒了。
Nǐ hēduō le ba? Jiù nǐ nà shuǐtǒngyāo, háoméngōngzǐ kàn yì yǎn jiù gāi yūndǎo le。

A 不是说的如果吗？
Bú shì shuō de rúguǒ ma?

B 这样的如果有什么意义！快老老实实做饭吧！
Zhèyàng de rúguǒ yǒu shénme yìyì! kuài lǎolǎoshíshí zuòfàn ba!

A 내가 만약에 재벌가에 시집갔더라면 얼마나 좋았을까!

B 술 많이 마셨니? 재벌가 아들이 네 드럼통 같은 허리를 보면 아마 기절해 버릴 거다.

A 내 말은 '만약'에란 말이야.

B '만약'은 무슨 '만약'? 무슨 의미가 있는데? 빨리 가서 밥이나 해!

| 용어해설 |

현대판 신데렐라

여자들이 재벌가나 정치적 명망이 높은 명문가에 시집가는 것을 말한다. 중국에서도 연예계 여자 스타들이 그런 경우가 많은데 林青霞(Lín Qīngxiá), 钟楚红(Zhōng Chǔhóng) 등이 대단한 재벌 집안 아들과 결혼을 하였다. 결혼 후 대부분 연예계 생활을 접고 조용히 남편 내조를 하며 잘 사는 사람이 있는가하면 남편이나 자신의 외도, 지나친 사치, 성격차이 등의 이유로 이혼을 하는 경우도 많다. 이혼 후에는 온갖 구설수에 오르다 조용히 연예계에 복귀하는 경우도 있는데 한국이나 중국이나 넘쳐흐르는 끼는 어쩔 수 없나 보다.

Tip

- [林青霞가 출연한 영화 동방불패(東方不敗), 신용문객잔(新龍門客栈)]

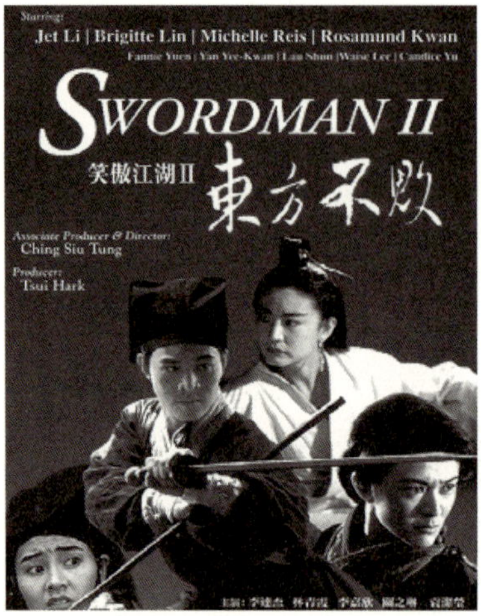

- [周潤發과 가을날의 동화(秋天的童話)에 출연한 鍾楚紅]

Tip

참고·인용문헌

강춘화, 서희명(2004), 『빠오칸시사중국어』, 다락원.

고대민족문화연구원 중국어대사전편찬실 편(2002), 『(전면개정)중한사전』 고려대학교 민족문화연구원.

김현태(2007), 『(개정·증보판)한권으로 읽는 현대중국어학』, 경남대학교 출판부.

배다니엘, 박애양(2002), 『통통중국어』, 다락원.

李杰明, 李杰春 저, 박영순, 서희명 편역(2003), 『수탉안의골목중국어』, 기린원.

조선일보 2007년 9월 7일

중앙일보 2006년 12월 7일, 2008년 1월 16

화서당 편저(2002), 『중국어표현사전』, 넥서스CHINESE.

www.sohu.com

www.sogou.com

www.baidu.com

www.cn.yahoo.com

www.daum.net